équipe 2

Encore

cahier d'activités

Nom: ....

Classe: ....

Professeur: ....

Danièle Bourdais
Sue Finnie

OXFORD

OXFORD
UNIVERSITY PRESS

Great Clarendon Street, Oxford OX2 6DP

Oxford University Press is a department of the University of Oxford.
It furthers the University's objective of excellence in research,
scholarship, and education by publishing worldwide in

Oxford New York

Auckland Cape Town Dar es Salaam Hong Kong Karachi
Kuala Lumpur Madrid Melbourne Mexico City Nairobi New Delhi
Shanghai Taipei Toronto

With offices in

Argentina Austria Brazil Chile Czech Republic France
Greece Guatemala Hungary Italy Japan Poland Portugal
Singapore South Korea Switzerland Thailand Turkey
Ukraine Vietnam

Oxford is a registered trade mark of Oxford University Press
in the UK and in certain other countries

First published 2000

Euro edition published 2002

Acknowledgements
The authors would like to thank the following people for their
help and advice: Julie Green (course coordinator), Anna Lise Gordon for
her help and advice, Marie-Thérèse Bougard (language consultant), Sara
McKenna (editor of the Encore Workbook) and Pam Painter (teacher
consultant).
Illustrations by Martin Aston, Matt Buckley, Matt Fenn,
Angela Lumley, David Mostyn, Bill Piggins.

British Library Cataloguing in Publication Data

Data available

ISBN-13: 978 0 19 912355 1
ISBN-10: 0 19 912355 1

10 9

Designed and typeset by Holbrook Design Oxford Limited

Printed by W. M. Print Ltd., Walsall, Great Britain

Table des matières *Contents*

1a Qui parle? Relie les bulles aux personnes.
Who's speaking? Match each bubble to a person.

A	B	C	D
4			

A  B  C  D

1 Ma tenue préférée, c'est un short marron, un tee-shirt rouge et des baskets blanches.

2 Ma tenue préférée, c'est une robe verte, un pull bleu et des sandales marron.

3 Ma tenue préférée, c'est une jupe grise, une chemise rose, une veste noire et des bottes noires.

4 Ma tenue préférée, c'est un pantalon bleu, un sweat jaune, un blouson gris et des chaussures jaunes.

1b Colorie les vêtements. Vérifie avec ton/ta partenaire.
Colour in the clothes. Check with a partner.

2 Et toi? C'est quoi, ta tenue préférée? Dessine et écris à la page 11.
What is your favourite outfit? Draw and describe it on page 11.

1 Relie.
Match the pictures and phrases.

 1    3

a J'aime bien …

b Je déteste …

c Je n'aime pas beaucoup …

d J'adore …

2   4

1	2	3	4

2 Vrai (✔) ou faux (✘)? Si c'est faux, écris la bonne phrase.
True (✔) or false (✘)? If false, write in the correct sentence.

le look décontracté

le look sport

le look habillé

Exemple

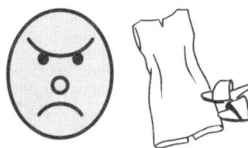 Je déteste le look habillé. ✔

J'aime bien le look habillé. ✘   *J'aime bien le look sport.*

 **1** J'adore le look décontracté. ☐ _____

 **2** J'aime bien le look sport. ☐ _____

 **3** Je n'aime pas beaucoup le look habillé. ☐ _____

1 **Relie.**

Match the French sentences to their English equivalents.

1	2	3	4	5

1 Ça te va bien.

2 Ça ne te va pas.

3 Ce n'est pas ton genre.

4 C'est trop petit.

5 C'est trop grand.

a It's too small.

b It's not your style.

c It suits you.

d It's too big.

e It doesn't suit you.

2 **Complète la bande dessinée avec les expressions 1–5.**

Use sentences 1–5 (above) to complete the cartoon.

1 **Complète les phrases avec le bon adjectif.**

Fill in the correct adjectives to complete the sentences.

a Pour aller au collège, je mets des vêtements *gris*: un pantalon

_____, une veste _____

et des chaussettes _____ .

b J'aime les blousons _____ .

c Je mets un pull _____.

d Tu as des chemises _____?

e J'aime bien ma jupe _____.

| blanches | bleu | ~~gris~~ | gris |
| grise | grises | noirs | verte |

2 **Complète les adjectifs si nécessaire.**

Fill in the adjective endings if necessary.

a Pour aller à la boum, je mets

un pantalon blanc____ , un tee-shirt

vert____ et des bottes noir*es*.

b Je mets une robe bleu____ et une

veste blanc____ .

c Non, tu mets tes vêtements noir____.

• In French, the adjective normally goes after the noun. *un pull **bleu***

• Adjective endings change:

	singular	plural
masculine:	*un pull bleu*	*des pulls bleu**s***
feminine:	*une robe bleue*	*des robes bleu**es***

	masculine	feminine
this/that*(s.)*	*ce* (*cet* before vowel or h)	*cette*
those/those*(pl)*	*ces*	*ces*

3 **Complète avec *ce, cette* ou *ces*.**

Fill in ce, cette *or* ces.

a *Ce* pantalon noir est super.

b J'aime beaucoup _____ robe jaune.

c Pour aller en ville, je mets _____

jean et _____ baskets.

d Je déteste _____ look.

e _____ bottes sont jolies avec

_____ veste.

Flashback

The present tense of regular -**er** verbs, like *détester*:

je	détest**e**	nous	détest**ons**
tu	détest**es**	vous	détest**ez**
il/elle/on	détest**e**	ils/elles	détest**ent**

Remember the ending for each person.

1 **Complète les phrases.** *Write je, tu, il, etc. in the gaps to complete the sentences.*

a *Je* n'aime pas beaucoup mon pantalon.

b _____ aimons bien le look sport.

c _____ aiment les tee-shirts?

d _____ cherchez le mot dans le dictionnaire.

e _____ cherches un blouson noir?

f _____ adore les vêtements habillés.

Je̶ Tu Il Nous Vous Ils

2 **Écris la terminaison des verbes.** *Write in the verb endings.*

a Tu aim<u>es</u> les jeans?

b Je préfèr____ les robes.

c Nous ador____ le look habillé.

d Mon père, il n'aim____ pas beaucoup mon look!

e Mes parents détest____ le look sport.

3 **Complète avec la bonne forme** *d'avoir.* *Fill in the correct forms of* avoir.

a Je n'*ai* pas de blouson.

b Mon frère _____ un super blouson noir.

c Ils _____ des tee-shirts jaunes.

d Tu _____ un sweat bleu?

e Nous n'_____ pas de chemises.

f Elles n' _____ pas de jolies robes.

Flashback

Some verbs are irregular in French. Learn them by heart.

avoir (to have)

j'	*ai*
tu	*as*
il/elle/on	*a*
nous	*avons*
vous	*avez*
ils/elles	*ont*

Les vêtements ☆	Clothes
des baskets	trainers
un blouson	a bomber jacket
des bottes	boots
des chaussures	shoes
une chemise	a shirt
une jupe	a skirt
un pantalon	a pair of trousers
un pull	a pullover
une robe	a dress
des sandales	sandals
un short	a pair of shorts
un sweat	a sweatshirt
un tee-shirt	a T-shirt
une veste	a jacket

Les couleurs ☆	Colours
beige	beige
blanc(he)	white
bleu(e)	blue
gris(e)	grey
jaune	yellow
marron	brown
noir(e)	black
rose	pink
rouge	red
vert(e)	green

Le look ☆	The look
Qu'est-ce que tu aimes comme look?	What type of look do you like?
j'adore	I really like
j'aime bien	I quite like
je n'aime pas beaucoup	I don't really like
je déteste	I hate
le look décontracté	a casual look
le look habillé	a smart look
le look sport	a sporty look
C'est moche.	It's horrible.
C'est pratique.	It's practical.
C'est sympa.	It's nice.
Ça me va?	Does it suit me?
Oui, ça te va bien.	Yes, it suits you.
Non, ça ne te va pas.	No, it doesn't suit you.
Ce n'est pas ton genre.	It's not your style.
C'est trop grand.	It's too big.
C'est trop petit.	It's too small.
Pour aller à une boum, ...	To go to a party ...
je mets	I wear

🖉   ☞ **Mon vocabulaire**

ANGLAIS	FRANÇAIS

I can ...	Students' Book page	me	checked by my partner
name 10 items of clothing	*10–11*	☐	☐
say what I'm wearing		☐	☐
say what my favourite colours are		☐	☐
describe a favourite outfit using colours		☐	☐
say what I wear to go to school	*12–13*	☐	☐
say what I wear to go to a party		☐	☐
say what type of 'look' I like		☐	☐
say why I like it		☐	☐
ask whether an item of clothing suits me	*14–15*	☐	☐
say that something does/doesn't suit someone		☐	☐
say why something doesn't suit someone		☐	☐

Grammar:

name all parts of the verb *avoir* (Present tense)	*10*	☐	☐
name all parts of the verb *mettre* (Present tense)	*12*	☐	☐
use *ce*, *cet*, *cette* and *ces*	*15*	☐	☐
use *-er* verbs in the present tense	*17*	☐	☐
use pronouns (*je*, *tu*, *il*, *elle*, etc.)		☐	☐

What I found easy: _____

What I found difficult and need to go over again: _____

What I need to learn by heart: _____

What I liked doing most: _____

1 Complète.

*What types of TV programmes are illustrated? Write in the missing vowels: **a, e, é, i, o** or **u**.*

a les f _ lms

b les j _ _ x

c les d _ c _ m _ nt _ _ r _ s

d la m _ t _ _

e les _ nf _ rm _ t _ _ ns

f les d _ ss _ ns _ n _ m _ s

g les f _ _ _ ll _ t _ ns

h les _ m _ ss _ _ ns
sp _ rt _ v _ s

i les _ m _ ss _ _ ns p _ _ r
l _ j _ _ n _ ss _

2 Vrai (✔) ou faux (✘)?
True (✔) or false(✘)?

a Bruno likes to watch the weather forecast. ☐

b He likes films. ☐

c He prefers documentaries. ☐

> Je n'aime pas les films. J'aime bien la météo – c'est intéressant – mais je préfère les dessins animés. Et toi?

3 Et toi? Complète.
Fill in the speech bubble with the type of programmes you like/don't like.

Je préfère _____

J'aime bien _____

Je n'aime pas _____

1 Relie.

Match the clocks to the corresponding times.

a `7.30`   d `21.10`

b `10.40`   e `17.15`

c `19.35`   f `14.45`

1 dix heures quarante
2 sept heures trente
3 quatorze heures quarante-cinq
4 dix-neuf heures trente-cinq
5 vingt et une heures dix
6 dix-sept heures quinze

a	2
b	
c	
d	
e	
f	

2 Lis le programme. Complète la grille.

Read the TV guide, then fill in the grid.

TF1	FRANCE 2	FRANCE 3	M6	ARTE	CANAL +
SAMEDI					
20.45 - HISTOIRES D'EN RIRE. **22.35** - Ushuaï **23.40** - Formula sport	**20.50** - LA NUIT DES HÉROS. **22.40** - Double jeu. **0.10** - La 25° heure.	**20.45** - Téléfilm: JEUX DE VILAINS, avec Jean-François Perrier. **22.35** - Zanzi Bar Liban. **23.30** - Salut Manu.	**20.45** - Téléfilm: PARFUM DE BÉBÉ, avec J. Spieser, L. Duthilleul. **22.20** - Itinéraire d'un voyou.	**20.40** - Documentaire: APARTHEID. **22.35** - Stephan Eicher. **23.30** - Le cours des choses.	**20.30** - Téléfilm: LE RETOUR D'ELLIOT NESS, avec Robert Stack, Jack Coleman. **22.05** - Cargo 92.
DIMANCHE					
20.40 - Film: WITNESS, avec Harrison Ford, Kelly McGillis **22.50** - Film: La soule, avec R. Bohringer	**20.50** - Film: LA GUERRE DES POLICES, avec Claude Brasseur, Claude Rich. **22.40** - Bouillon de culture.	**20.45** - LE GRAND CIRQUE SCOTT. **22.00** - Le divan. **22.50** - Film: Gabriel over the White House.	**20.45** - Téléfilm: ZONE INTERDITE, avec Michael O'Keefe, Ferry King. **22.55** - Joy à Hong-Kong.	**20.30** - Documentaire: YOU'LL NEVER WALK ALONE. **22.45** - Liverpool today yesterday.	**20.35** - Film: LES AMANTS DU PONT-NEUF, avec Juliette Binoche, Denis Lavant. **22.40** - Sports.

Emission	jour	heure	chaîne
a Histoires d'en rire			
b	samedi	23.40	
c Le retour d'Elliot Ness		20.30	
d		22.00	
e Zone Interdite	dimanche		
f Apartheid	samedi		

3 Et toi? Qu'est-ce que tu vas regarder ce week-end? Écris ta réponse à la page 19.

What are you going to watch on TV this weekend? Write your answer on page 19.

Exemple: Samedi, je vais regarder Casualty. C'est à 20 h 05 sur BBC1.

1a Utilise le code pour trouver les films qu'ils préfèrent.
Work out the coded messages to find out what type of film these teenagers prefer.

Anne _____

Mustapha _____

Nadia _____

Nicolas _____

1b Écris une phrase pour chaque personne.
Write a sentence to show what each teenager likes.

Exemple … *aime les films d'amour.*

Anne _____

Mustapha _____

Nadia _____

Nicolas _____

2 Et toi? Qu'est-ce que tu aimes comme film?
What sort of films do you like?

_____

⚡ **Flashback** ⚡

vouloir = to want to

je veux	nous voulons
tu veux	vous voulez
il/elle/on veut	ils/elles veulent

pouvoir = to be able to (I can, etc.)

je peux	nous pouvons
tu peux	vous pouvez
il/elle/on peut	ils/elles peuvent

1 Relie.
Draw arrows between the French verbs and their English equivalents.

1 je peux	**a** *I want to*
2 je veux	**b** *they want to*
3 il veut	**c** *he wants to*
4 tu peux	**d** *I can*
5 nous pouvons	**e** *you can*
6 elles veulent	**f** *we can*

2 Complète.
Use the right form of the verb in brackets to complete the invitation.

Chère Sophie,
Je _____ (vouloir) aller au cinéma samedi soir. Tu _____ (pouvoir) venir avec moi? On _____ (pouvoir) aller voir le film de science-fiction, si tu _____ (vouloir). Paul et Marie ne _____ (pouvoir) pas venir, et Martin ne _____ (vouloir) pas venir parce qu'il y a un match de foot à la télé.

⚡ **Flashback** ⚡

The verb that follows a part of *vouloir* or *pouvoir* has to be an infinitive.

3 Complète.
Use an infinitive from the box to complete each caption.

aller   rester   sortir   voir

a
Tu veux _____ au cinéma avec moi, ce soir?

b
Je fais du baby-sitting.
Je ne peux pas _____.

c
Vous voulez _____ le film policier au cinéma?

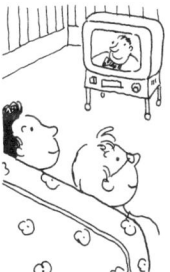

d
Non, nous voulons _____ à la maison.

1a **Complète les instructions avec les mots de la boîte.**
Write the words from the box in the gaps to complete the instructions.

| question word   *est-ce que*   intonation |

Questions

In French, there are different ways to make a question:

1 you can change your _____ so that your voice goes up at the end of the sentence

2 you can add _____ to the start of the sentence

3 you can use a _____.

1b **Les questions suivantes sont du type 1, 2 ou 3?**
Are the following questions type 1, 2 or 3 above?

Exemple a = 2

a (Est-ce que tu aimes regarder la télévision?) ☐

b (Tu veux venir?) ☐

c (Comment s'appelle le film?) ☐

d (Où est Dingo?) ☐

e (Tu regardes les informations?) ☐

f (Est-ce que c'est drôle?) ☐

2 **Relie les questions aux réponses. Recopie les questions.**
Match the questions to the answers and copy them out.

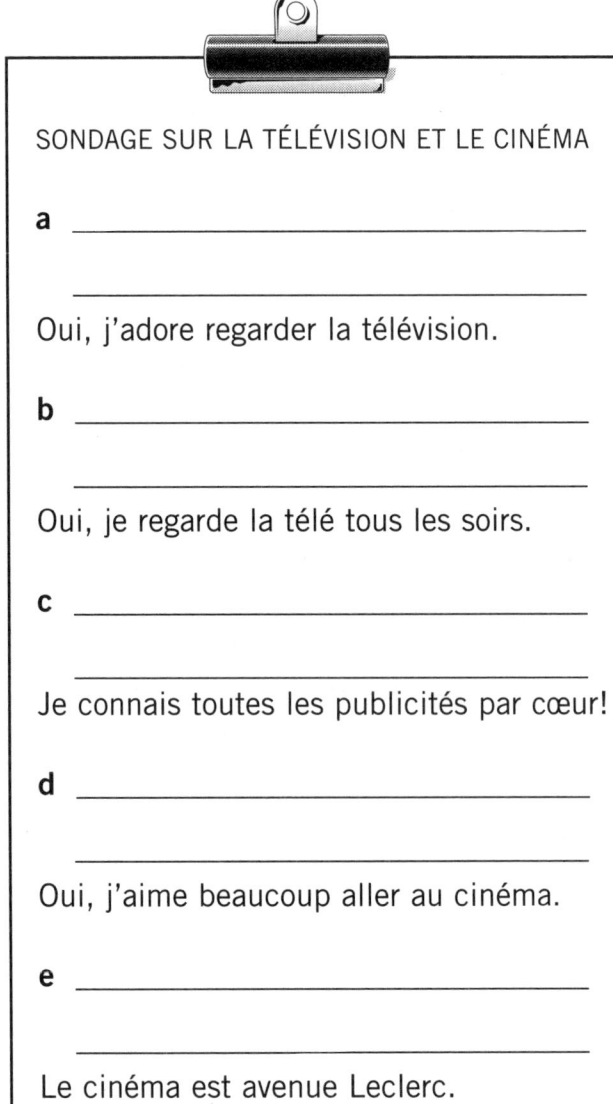

SONDAGE SUR LA TÉLÉVISION ET LE CINÉMA

a _____
_____
Oui, j'adore regarder la télévision.

b _____
_____
Oui, je regarde la télé tous les soirs.

c _____
_____
Je connais toutes les publicités par cœur!

d _____
_____
Oui, j'aime beaucoup aller au cinéma.

e _____
_____
Le cinéma est avenue Leclerc.

1 Tu aimes aller au cinéma?
2 Tu aimes regarder la télévision?
3 Où est le cinéma?
4 Est-ce que tu regardes la télévision souvent?
5 Tu connais combien de publicités par cœur?

Les genres d'émission ☆	Types of TV programme
un documentaire	a documentary
un film	a film
une émission sportive	a sports programme
un jeu	a quiz show
une émission pour la jeunesse	a children's programme
un dessin animé	a cartoon
un feuilleton	a soap
les informations	the news
la météo	the weather forecast
les publicités	the adverts

Les opinions ☆	Opinions
j'aime bien	I like
j'adore	I love
je préfère	I prefer
je n'aime pas	I don't like
je déteste	I hate
C'est intéressant.	It's interesting.
C'est drôle.	It's funny.
Je connais (les publicités) par cœur.	I know (the adverts) by heart.

C'est à quelle heure? ☆	What time is it on?
C'est à (13 h 30).	It's on at (13 h 30).
C'est sur (BBC1).	It's on (BBC1).
treize heures	1pm
quatorze heures	2pm
quinze heures	3pm
seize heures quinze	4.15pm
vingt-deux heures quarante-cinq	10.45pm
dix-sept heures trente	5.30pm

On va au cinéma? ☆	Shall we go to the cinema?
un film policier	a detective film
une comédie	a comedy
un film romantique/un film d'amour	a romantic film
un film d'épouvante	a horror film
un film de science-fiction	a science-fiction film
Tu veux/Vous voulez aller au cinéma?	Would you like to go to the cinema?
Je ne peux pas.	I can't.

I can ...	Students' Book page	me	checked by my partner
name nine types of TV programme	*22–23*	☐	☐
say which types of programme I like		☐	☐
say which types of programme I don't like		☐	☐
say why I like something		☐	☐
say why I don't like something		☐	☐
say positions from 1st–10th		☐	☐
ask what time a programme starts	*24–25*	☐	☐
say what time a programme starts		☐	☐
ask what channel a programme is on		☐	☐
say what channel a programme is on		☐	☐
say times using the 24-hour clock		☐	☐
ask what is on a particular channel		☐	☐
say what is on a particular channel		☐	☐
ask if someone wants to watch a particular programme		☐	☐
invite someone to watch a film at the cinema	*26–27*	☐	☐
accept an invitation		☐	☐
name five types of film		☐	☐
say when a film is on		☐	☐

Grammar:

use *vouloir* and *pouvoir*	*page 27*	☐	☐

What I found easy: _____

What I found difficult and need to go over again: _____

What I need to learn by heart: _____

What I liked doing most: _____

1 Lis les messages et complète la grille.
Read the messages and fill in the grid.

> Stéphane,
> Tu veux aller au cinéma mercredi?
> On se retrouve au café à deux heures et quart.
> D'accord?
> À samedi!
>
> Martin

> Nathalie,
> Tu veux aller à la piscine demain?
> On se retrouve à dix heures à la piscine,
> d'accord? Si tu ne peux pas venir,
> téléphone-moi.
>
> Alice

> Sandrine,
> Tu veux aller à la plage samedi après-midi?
> On se retrouve à trois heures et demie chez moi.
>
> Thomas

> Paul,
> Tu veux aller en ville lundi? On se retrouve
> devant le cinéma à neuf heures et quart.
>
> Fatira

	destination	heure	où
Martin	*cinéma*	*2.15*	*café*
Alice			
Thomas			
Fatira			

2 Recopie et complète les messages.
Copy out the messages, replacing the pictures with words from the box below.

Tu veux aller à  samedi soir? On se retrouve à **20.00** au . À bientôt.

Tu veux  jeudi soir? Si oui, on se retrouve devant  à (clock) !

sept heures et quart	la patinoire	café
huit heures	faire du vélo	le cinéma

3 Invite un copain/une copine à sortir. Écris un message à la page 27.
Ask a friend to go out with you. Decide: where to go/where to meet/at what time.
Write your message on page 27.

1   **Écris une excuse pour chaque invitation.** *The pictures below show what you will be doing next week. Write an excuse for invitations a–g using the expressions in the box below.*

LUNDI

MARDI

MERCREDI

JEUDI

VENDREDI

SAMEDI

a Tu veux venir chez moi, lundi?   *Je ne peux pas. Lundi, je dois aller à la piscine.*

b Tu veux faire du skate vendredi?   *Je ne peux pas. Vendredi,* _____

c Tu veux aller au parc jeudi? _____

d Tu veux aller au cinéma mardi? _____

e Tu veux aller à la plage samedi matin? _____

f Tu veux faire du vélo mercredi après-midi? _____

faire des courses	aller à la piscine	sortir le chien
garder mon petit frère	ranger ma chambre	faire mes devoirs

2   **Suis la bonne route pour trouver l'excuse de Dracula.**
Follow the right route through the clouds to find Dracula's excuse.

veux   mes devoirs

Je dois   aller   au

à la   piscine

faire   café

_____

_____

_____

1 Choisis la bonne traduction.
Choose the correct translation: **a** *or* **b** *in each case.*

1	2	3	4	5	6
b					

1 J'ai regardé la télévision.
    a *I watch TV.*
    b *I watched TV.*

2 Il a acheté des baskets.
    a *He bought some trainers.*
    b *He might buy some trainers.*

3 On a joué aux cartes.
    a *We are playing cards.*
    b *We played cards.*

4 Tu as écouté la météo?
    a *Are you listening to the weather forecast?*
    b *Did you listen to the weather forecast?*

5 Elle a retrouvé ses copains.
    a *She met some friends.*
    b *She meets some friends.*

6 Tu as fait tes devoirs?
    a *Have you done your homework?*
    b *Are you going to do your homework?*

2a Dessine un des symboles suivants à côté de chaque question.
Draw one of the following symbols in the box beside each question.

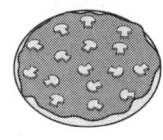  

2b Réponds aux questions: coche (✔) oui ou non.
Answer the questions: tick(✔) oui or non.

2c 👥 Pose les questions à un(e) partenaire. Note ses réponses en rouge.
Ask your partner the questions above. Use a red pen to tick oui/non for him/her.

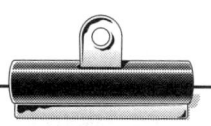

QU'EST-CE QUE TU AS FAIT LE WEEK-END DERNIER?

                                oui   non

1 ☐ Tu as regardé la télévision? ☐ ☐

2 ☐ Tu as acheté un magazine? ☐ ☐

3 ☐ Tu as joué au football? ☐ ☐

4 ☐ Tu as retrouvé tes copains? ☐ ☐

5 ☐ Tu as écouté de la musique? ☐ ☐

6 ☐ Tu as mangé une pizza? ☐ ☐

Flashback

present
- action still happening (or happens regularly)
- verb is one word

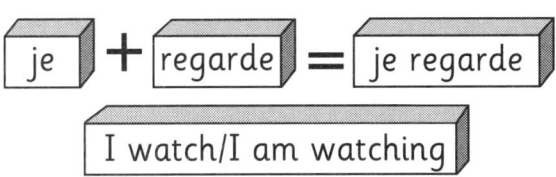

I watch/I am watching

past
- action completed
- verb is two words

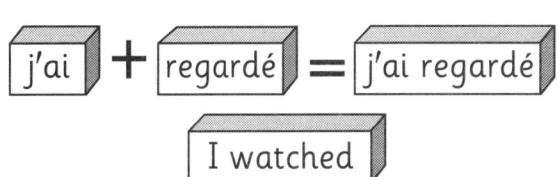

I watched

1a Lis le journal de Nicole. Souligne les 8 autres verbes au passé composé.
Read Nicole's diary. Underline the other 8 verbs in the perfect tense.

> <u>J'ai passé</u> un bon week-end. Samedi matin, j'ai fait des courses. J'ai acheté des CD. L'après-midi,
> j'ai nagé à la piscine. Je vais à la piscine tous les samedis. Et samedi soir, j'ai joué de la guitare.
> Très cool!
> Dimanche matin, j'ai écouté de la musique à la maison. J'adore la musique. L'après-midi, j'ai retrouvé
> mes copains au café. Le soir, j'ai mangé un hamburger et j'ai regardé un bon film à la télévision.

1b Numérote les symboles dans l'ordre mentionné.
Number the symbols in the order they are mentioned.

a 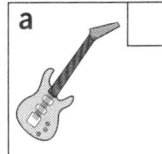   b 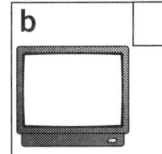   c 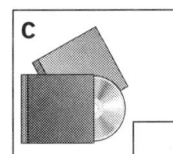   d    e 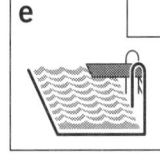   f    g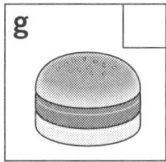

2 Écris le journal de Nicolas.
Look at the pictures and write Nicolas' diary.

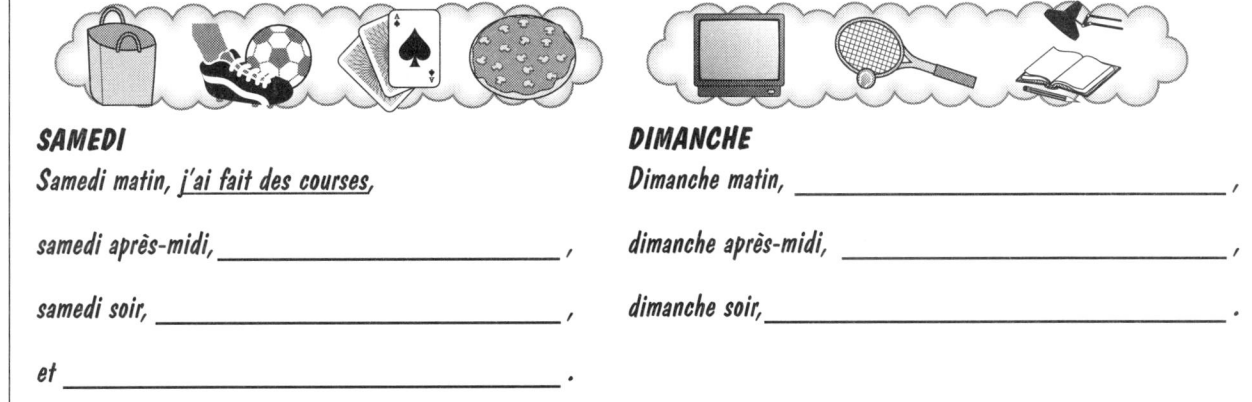

SAMEDI
Samedi matin, <u>j'ai fait des courses,</u>

samedi après-midi, _____ ,

samedi soir, _____ ,

et _____ .

DIMANCHE
Dimanche matin, _____ ,

dimanche après-midi, _____ ,

dimanche soir, _____ .

1 Relie.
Match the two halves of each question.

1	d
2	
3	
4	
5	
6	
7	

1 Où est le   **a** serviette?

2 Où sont les   **b** l'eau?

3 Ça fait   **c** toilettes?

4 Je peux avoir une   **d** téléphone?

5 Je voudrais un   **e** désirez?

6 Vous   **f** sandwich au fromage.

7 Je peux avoir de   **g** combien?

2 Réponds en anglais.
Look at the price list on page 40 of Équipe 2 *and answer the questions in English.*

a How much is a cup of black coffee? _____

b Do they have tea? _____

c Would a fruit juice be cheaper than a lemonade? _____

d What is the difference between the two types of ham sandwich? _____

e I don't like ham or cheese. What other sandwiches are there? _____

f How much is a tuna sandwich? _____

g Do they do pancakes with chocolate sauce? _____

h How much is a pancake with butter? _____

3 Écris un dialogue: un client/une cliente commande à la brasserie.
Write a dialogue: a customer is ordering a snack in a brasserie.

Exemple

Total = 6€

Total = 5,30€

Serveur: *Bonjour, madame. Vous désirez?*
Cliente: *Je voudrais un café-crème et un sandwich au poulet.*
Serveur: *Voilà, madame.*
Cliente: *Ça fait combien?*
Serveur: *Ça fait six euros, s'il vous plaît.*

_____

_____

_____

_____

Organiser un rendez-vous ★

Tu veux aller … ?	Do you want to go … ?
au cinéma	to the cinema
à la piscine	to the swimming pool
en ville	into town
au parc	to the park
à la plage	to the beach
au café	to the café
à la patinoire	to the ice rink
Tu veux … ?	Do you want to … ?
faire du skate	go skate-boarding
faire du vélo	go cycling
On se retrouve où?	Where shall we meet?

Arranging a meeting

On se retrouve …	Let's meet …
au café	at the café
devant le cinéma	outside the cinema
chez moi	at my house
À quelle heure?	At what time?
À sept heures et demie.	At half past seven.
lundi	(on) Monday
mardi	Tuesday
mercredi	Wednesday
jeudi	Thursday
vendredi	Friday
samedi	Saturday
dimanche	Sunday

Les excuses ★ Excuses

Je ne peux pas.	I can't.
Je dois …	I have to …
faire mes devoirs	do my homework
aller voir ma grand-mère	go and see my grandma
garder mon frère	look after my brother
sortir le chien	take the dog out
faire des courses	do some shopping
ranger ma chambre	tidy my room

Le week-end dernier ★ Last weekend

J'ai retrouvé mes copains.	I met up with my friends.
J'ai joué au football.	I played football.
J'ai joué de la guitare.	I played my guitar.
J'ai regardé la télévision/ un film.	I watched TV/ a film.
J'ai acheté un magazine/des CD.	I bought a magazine/some CDs.
J'ai écouté de la musique.	I listened to music.
J'ai fait mes devoirs.	I did my homework.
J'ai passé un bon week-end.	I had a good weekend.
J'ai fait des courses.	I did some shopping.

Au café ★ At the cafe

un café (crème)	a (white) coffee
un jus d'orange	an orange juice
un sandwich au poulet /au fromage	a chicken/cheese sandwich
Ça fait combien?	How much is it?
Ça fait deux euros.	It's 2 euros.

I can ...	Students' Book page	me	checked by my partner
ask someone if they would like to do twelve different things	34–35	☐	☐
ask where we should meet		☐	☐
suggest four places to meet		☐	☐
ask at what time we should meet		☐	☐
suggest a time to meet		☐	☐
say I would like to do something	36–37	☐	☐
say I don't want to do something		☐	☐
give five excuses why I can't do something		☐	☐
ask someone what they did last weekend	38–39	☐	☐
name six things I did last weekend		☐	☐
ask for a drink in a café	40–41	☐	☐
ask for a snack in a café		☐	☐
ask how much something costs		☐	☐
ask where the telephone is		☐	☐
ask where the toilets are		☐	☐
ask for a glass		☐	☐
ask for some water		☐	☐
ask for some salt		☐	☐
ask for a table napkin		☐	☐

Grammar:

use verbs in the past tense	39	☐	☐

What I found easy: _____

What I found difficult and need to go over again: _____

What I need to learn by heart: _____

What I liked doing most: _____

1 **Coche (✔) la bonne phrase.**
Tick (✔) the right sentence to describe each picture.

Exemple

a Je m'habille. ✔

1

a Je m'habille. ☐

b Je me lave. ☐

b Je me lève. ☐

2

a Je prends le petit déjeuner. ☐

b Je me brosse les dents. ☐

3

a Je me lève à huit heures et demie. ☐

b Je prends le petit déjeuner
à huit heures. ☐

a Je me lave. ☐

b Je me réveille. ☐

2 **Écris une phrase pour chaque image.**
Fill in the grid by writing a sentence for each picture.

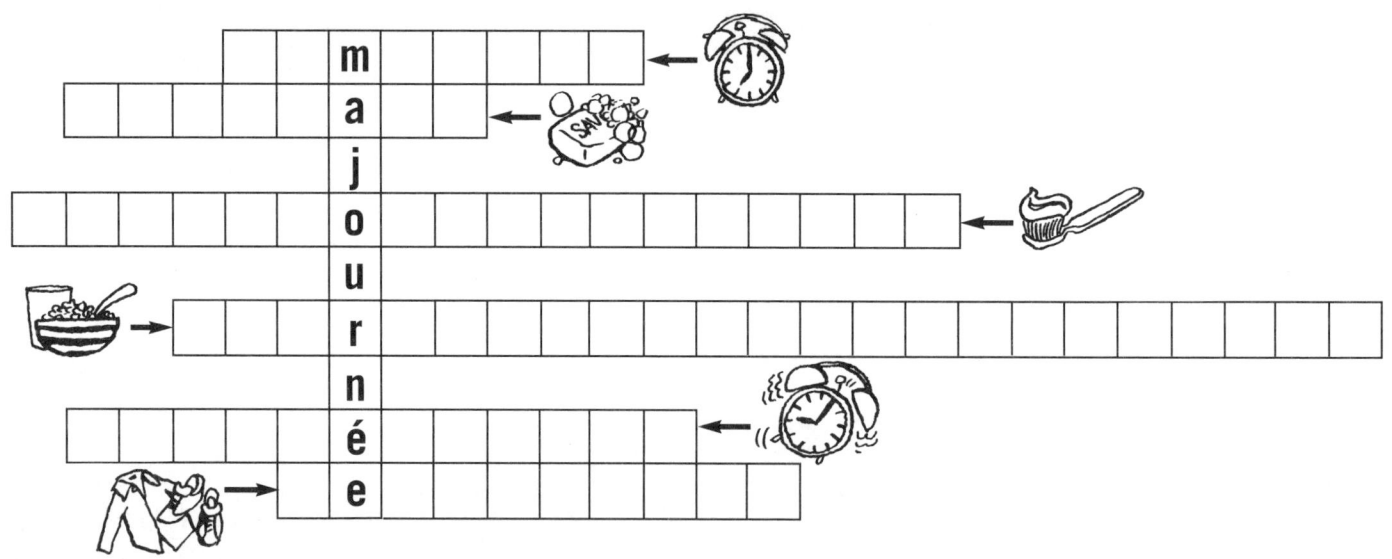

3 **Et toi? Qu'est-ce que tu fais le matin? Écris quatre phrases à la page 35.**
What do you do in the morning? Write four sentences on page 35.

Flashback

Reflexive verbs need a pronoun between the subject and the verb, for example:

| *je* | *me* | *lave* | = | I wash (myself) |
| [subject] | [pronoun] | [verb] | | |

The pronoun changes to match the subject:

subject	pronoun	verb
je	**me***	*lave*
tu	**te***	*laves*
il/elle/on	**se***	*lave*

(*Note: before a vowel or silent h, the pronouns change to **m'**, **t'**, **s'**.
For example: *je m'amuse, tu t'ennuies, il s'habille*)

1 **Coche (✔) les phrases avec un verbe pronominal.**
Tick the sentences that contain reflexive verbs.

a Je me brosse les dents. ☐

b Tu prends le petit déjeuner? ☐

c Elle se réveille à huit heures. ☐

d Le réveil sonne. ☐

e Je m'habille dans la salle de bains. ☐

f On quitte la maison. ☐

2 **Complète.**
Write in the missing pronouns.

a Je ____ réveille à six heures.

b Tu ____ lèves quand?

c Il ____ lave dans la salle de bains.

d Marie ____ brosse les dents.

e ____ me repose cinq minutes.

f ____ te prépares pour le match?

3a **Colorie les bonnes flèches.**
Colour in the arrows you need to follow to make a correct sentence. Be careful! Not all of the words are used.

commence ici

je ⟹ laves ⟹ et ⟹ je

se m'habille

me ⟹ lève ⟹ heures

dans ⟹ à ⟹ sept ⟹ te

3b **Écris la phrase.**
Write the sentence here.

_____

_____

Flashback

See Flashback on reflexive verbs on page 29.

Bonjour le soleil

Refrain

Tu _____ [1] le matin

Et le monde _____ [2]
Et tu brilles
Et la vie
Est plus belle
Bonjour, bonjour le soleil

Tu _____ [3] et le monde

_____ [4]

Au soleil, sous la pluie

On _____ [5],

on _____ [6]
À midi, à minuit
C'est normal, c'est la vie

Refrain

Je _____ [7], je

_____ [8]

Au collège, c'est lundi
Vivement samedi
C'est normal, c'est la vie

Refrain

Je _____ [9] chaque soir

Je _____ [10], tôt ou tard
Doucement, sans cauchemars
C'est normal, c'est comme ça

Refrain

1a 🔊 Écoute la chanson. Coche (✔) a ou b.

Listen to the song. Tick a or b to fill the gaps in the song lyrics.

[1] **a** me lave ☐
     b te lèves ✔

[2] **a** se réveille ☐
     b se couche ☐

[3] **a** te lèves ☐
     b s'amuse ☐

[4] **a** s'ennuie ☐
     b se réveille ☐

[5] **a** s'amuse ☐
     b se lève ☐

[6] **a** s'ennuie ☐
     b te lèves ☐

[7] **a** me couche ☐
     b me lève ☐

[8] **a** m'amuse ☐
     b m'habille ☐

[9] **a** me réveille ☐
     b me couche ☐

[10] **a** m'endors ☐
     b me lave ☐

1b Complète la chanson.
Write the verbs in the numbered gaps to complete the song lyrics.

1c 🔊 Réécoute et chante.
Listen again and sing along.

1 Écris le nom de la personne sous chaque dessin.
Write in the names under the pictures.

a

Christophe

b

_____

c

_____

d

e

f

g

_____   _____   _____   _____

Claire a fait son lit.	Christophe a fait la cuisine.	David a rangé sa chambre.
Marine a fait les courses.	Isabelle a fait la vaisselle.	Jonathan a fait le ménage.
Alexandre a mis le couvert.		

2 Remets les mots en ordre et fais des phrases.
Rearrange the jumbled words in the right order to make sentences.

Exemple fait   le ménage   J'ai = J'ai fait le ménage.

a le couvert   J'ai   mis _____

b chambre   ma   rangé   J'ai _____

c lit   son   a   Elle   fait _____

d fait   Tu   as   les   courses? _____

1 **Lis les textes et complète la grille.**
Read the speech bubbles. Fill in the chart:
✔ = *job they have done* ✘ = *job they haven't done*

> *Salut! Je m'appelle Anne.*
> *Le week-end dernier, j'ai fait*
> *mon lit et j'ai rangé ma chambre.*
> *Je n'ai pas fait les courses mais*
> *j'ai fait la cuisine.*

> *Salut! Je m'appelle Martin.*
> *Le week-end dernier, j'ai mis*
> *le couvert à midi mais je n'ai pas*
> *fait la vaisselle. Je n'ai pas fait*
> *les courses. Je déteste ça!*

> *Salut! Je m'appelle Estelle.*
> *Le week-end dernier, j'ai fait*
> *mon lit mais je n'ai pas rangé*
> *ma chambre. Je n'ai pas fait*
> *la cuisine. J'ai fait la vaisselle.*

> *Salut! Je m'appelle Baptiste.*
> *Le week-end dernier, je n'ai pas fait*
> *la cuisine. Je n'ai pas fait mon lit.*
> *Je n'ai pas rangé ma chambre.*
> *Je n'ai pas mis le couvert.*
> *J'ai regardé la télévision!!!*

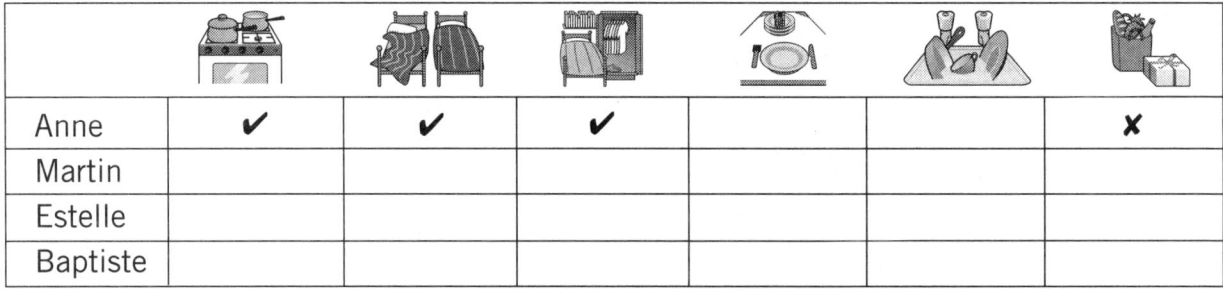

Anne	✔	✔	✔			✘
Martin						
Estelle						
Baptiste						

2 **Et toi? Qu'est-ce que tu as fait le week-end dernier? Qu'est-ce que tu n'as pas fait?**
Écris six phrases à la page 35.

Which of the jobs above did you do last weekend? Which jobs didn't you do?
Write six sentences on page 35.

Exemple *J'ai fait mon lit. Je n'ai pas rangé ma chambre … etc.*

Ma journée ⭐	*My daily routine*
Je me réveille à six heures.	*I wake up at six o'clock.*
Je me lève.	*I get up.*
Je me lave.	*I get washed.*
Je m'habille.	*I get dressed.*
Je prends le petit déjeuner.	*I have breakfast.*
Je me brosse les dents.	*I brush my teeth.*
Je me couche.	*I go to bed.*
Je m'endors.	*I go to sleep.*
Je m'ennuie.	*I get bored.*
Je me repose.	*I rest.*
Je m'amuse.	*I enjoy myself.*
Tu te prépares.	*You get ready.*
Il/Elle se réveille.	*He/She wakes up.*
On quitte la maison.	*We leave the house.*

Aider à la maison ⭐	*Helping at home*
J'ai rangé ma chambre.	*I tidied my room.*
J'ai fait mon lit.	*I made my bed.*
J'ai fait la cuisine.	*I did the cooking.*
J'ai mis le couvert.	*I set the table.*
J'ai fait la vaisselle.	*I did the washing up.*
J'ai fait le ménage.	*I did the housework.*
J'ai fait les courses.	*I did the shopping.*
Il/Elle a fait …	*He/She did …*

Le week-end dernier …	*Last weekend …* ⭐
Je n'ai pas fait les courses.	*I didn't do any shopping.*
Je n'ai pas rangé ma chambre.	*I didn't tidy my room.*
Je n'ai pas mis le couvert.	*I didn't set the table.*

☞ **Mon vocabulaire**

ANGLAIS	FRANÇAIS

I can …	Students' Book page	me	checked by my partner
say six things about my daily routine	48–49	☐	☐
say what time I get up		☐	☐
ask someone about their daily routine		☐	☐
talk about someone's else's daily routine		☐	☐
say what teenagers do	50–51	☐	☐
say what teenagers don't do		☐	☐
say I agree		☐	☐
say I disagree		☐	☐
name seven household tasks	52–53	☐	☐
ask someone what they did to help at home last weekend		☐	☐
say what I did to help at home yesterday		☐	☐
say what I didn't do to help at home yesterday		☐	☐

Grammar:

		me	checked by my partner
use reflexive verbs (*se laver, s'habiller*, etc.) in the present tense and know their endings	49	☐	☐
use the negative of reflexive verbs	51	☐	☐
use the perfect tense in the negative: say I did <u>not</u> do something	55	☐	☐

What I found easy: _____

What I found difficult and need to go over again: _____

What I need to learn by heart: _____

What I liked doing most: _____

1a C'est quelle fête? Trouve la bonne phrase.
Which festival is it? Find the right caption for each picture.

1	2	3	4	5	6	7	8
a							

1 *Vive le roi!*

2

3

4

5

6

7

8

a C'est la fête des Rois.

e C'est Pâques.

b C'est un anniversaire.

f C'est l'Aïd-el-Fitr.

c C'est la fête des mères.

g C'est le Premier avril.

d C'est le Nouvel An.

h C'est Noël.

1b Complète les bulles.
Fill in the bubbles with the phrases below.

Bon anniversaire!   *Joyeuses Pâques!*   *Bonne année!*

Joyeux Noël!   Vive le roi!   *Poisson d'avril!*

Bonne fête, maman!   Aïd Mubarak!

1a La fête préférée de Malika, c'est le Nouvel An. Numérote les phrases de Malika dans l'ordre des dessins.

Malika's favourite celebration is New Year's Eve. Number her sentences in the order of the pictures.

a
Je mange un bon repas avec des fruits de mer et de la dinde.

b
Ma fête préférée, c'est le Nouvel An.

c
Pour le Nouvel An, je vais au restaurant avec des copains.

d
Je n'ai pas de cadeaux pour le Nouvel An mais mon copain m'invite à danser après le restaurant.

e
Je bois un peu de champagne à minuit avec les copains.

a	b	c	d	e
	1			

1b Relie les questions aux réponses de Malika.

Match up these questions to Malika's answers (a–e above).

1 C'est quoi, ta fête préférée? `b`

2 Comment est-ce que tu fêtes le Nouvel An? ☐

3 Qu'est-ce que tu manges? ☐

4 Qu'est-ce que tu bois? ☐

5 Est-ce que tu as des cadeaux? ☐

1c Et toi? Réponds aux questions 1–5.

What about you? Answer questions 1–5 above.

1 Ma fête préférée, c'est _____ .

2 Je vais _____ .

3 Je mange _____ .

4 Je bois _____ .

5 _____ .

1 **C'est la fête d'Hallowe'en. Lis le texte de Malika et numérote les dessins dans l'ordre.**
It's Hallowe'en. Read Malika's text, then number the drawings in the order mentioned.

> *Cette année, pour Halloween, j'ai mis des bougies dans une citrouille. J'ai mis un costume de sorcière et je suis allée à une boum avec des copains. J'ai bu du punch aux fruits. J'ai mangé des gâteaux en forme de citrouille. Après la boum, j'ai regardé une cassette vidéo. C'était super!*

une citrouille	*a pumpkin*
une sorcière	*a witch*

a
b
c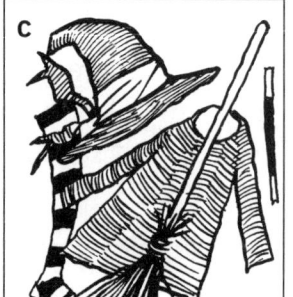
d

e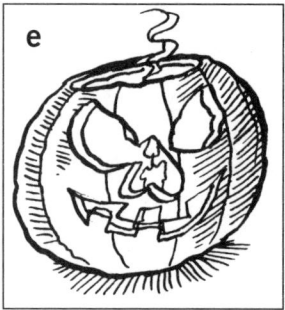
f

a	b	c	d	e	f
				1	

2 **Relis le texte et complète les phrases.**
Read the text again, then complete the sentences.

1 Pour Halloween, j'ai mis <u>des bougies </u>dans une citrouille.
2 J'ai mis _____ de sorcière.
3 Je suis allée à _____ avec des copains.
4 J'ai bu _____ aux fruits.
5 J'ai mangé _____ en forme de citrouille.
6 J'ai regardé _____. C'était super!

Flashback

Practise learning a short text by heart! Use different methods, for example: write it down, read it aloud, draw a series of small pictures, mime the actions.

3 **De mémoire, écris trois choses sur la fête d'Hallowe'en de Malika à la page 43.**
From memory, write three things about what Malika did at Hallowe'en on page 43.
Exemple *J'ai mis des bougies dans une citrouille.*

Flashback

To say what you did in the past:
use *j'ai* + **past participle of the verb**
manger (to eat) = *j'ai* **mangé** (I ate
/I have eaten)

Remember:

*j'***ai** *mangé*	*nous* **avons** *mangé*
tu **as** *mangé*	*ous* **avez** *mangé*
il/elle/on **a** *mangé*	*ils/elles* **ont** *mangé*

1 Trouve le passé composé des verbes.
Match each verb to its form in the perfect.

1 manger   **a** j'ai fait
2 boire   **b** j'ai regardé
3 faire   **c** j'ai mangé
4 mettre   **d** j'ai mis
5 regarder   **e** j'ai bu
6 avoir   **f** j'ai eu

2 Complète les phrases.
Fill in the verbs in the perfect tense.

a <u>*J'ai fait*</u> une boum pour mon anniversaire.*[faire]*

b J'_____ des bougies sur la table. *[mettre]*

c J'_____ du gâteau. *[manger]*

d J' _____ un peu de champagne. *[boire]*

e J' _____ des cadeaux. *[avoir]*

f J' _____ une cassette vidéo. *[regarder]*

3 Complète les phrases.
Fill in the right part of each verb underlined, in the perfect tense.

Exemple **J'ai fait** *une boum pour mon anniversaire. Et toi, qu'est-ce que tu* **as fait**?

1 Martin <u>a bu</u> beaucoup de champagne et ses frères aussi _____
beaucoup de champagne!

2 Nous <u>avons mangé</u> du gâteau au chocolat. Et vous aussi, vous _____ du
gâteau?

3 Sophie et Anne <u>ont dansé</u> à la boum. Nous aussi, nous _____ à la boum!

4 Martin <u>a eu</u> un cadeau et Anne _____ de l'argent.

1a Avant d'écouter, relie et fais dix questions.
Before you listen to the recording, match up the sentences halves to make up ten questions.

1	d
2	
3	
4	
5	
6	
7	
8	
9	
10	

1 Tu t'appelles
2 Tu as
3 Où
4 Tu as
5 C'est quoi,
6 Qu'est-ce que tu mets
7 Qu'est-ce que tu aimes
8 Ton film préféré,
9 Qu'est-ce que tu aimes
10 Ta fête préférée,

a habites-tu?
b regarder à la télé?
c ton look préféré?
d comment?
e quel âge?
f des frères et sœurs?
g c'est quoi?
h pour aller au collège?
i c'est quoi?
j manger?

1b 📼 Écoute pour vérifier. *Listen to the recording to check your answers.*

2a 📼 Écoute. Coche (✔) la bonne réponse. *Listen and tick the right answer(s) in each case.*

1 Je m'appelle
  a Hugo ☐
  b Arnaud ☐

2 J'ai
  a 10 ans ☐
  b 12 ans ☐

3 J'habite
  a à Beck ☐
  b à Dieppe ☐

4 J'ai
  a une sœur ☐
  b deux sœurs ☐

5 Mon look préféré, c'est
  a décontracté ☐
  b habillé ☐

6 Je mets
a une jupe ☐   b un jean ☐
c une chemise ☐   d un sweat ☐
e un short ☐   f un tee-shirt ☐

7 J'aime regarder
  a les infos et la météo ☐
  b les infos et les documentaires ☐

8 Mon film préféré, c'est
  a Starship Entreprise ☐
  b Starship Troopers ☐

9 J'aime
  a les hamburgers ☐   b le jambon-beurre ☐
  c les frites ☐   d les chips ☐
  e le coca ☐   f le chocolat ☐

10 Ma fête préférée, c'est
  a Noël, pour les cadeaux ☐
  b Noël, pour le repas ☐

2b 📼 Réécoute pour vérifier. *Listen again to check your answers.*

Les fêtes ☆	
l'Aïd-el-Fitr	*Eid (festival)*
un anniversaire	*a birthday*
la fête des mères	*Mother's Day*
la fête des Rois	*Epiphany*
Noël	*Christmas*
le Nouvel An	*New Year*
Pâques	*Easter*
le Premier avril	*April Fool's day*
Aïd Mubarak!	*Happy Eid!*
Bon anniversaire!	*Happy birthday!*
Bonne année!	*Happy New Year!*
Bonne fête, maman!	*Happy Mother's Day, Mum!*
Joyeuses Pâques!	*Happy Easter!*
Joyeux Noël!	*Merry Christmas!*
Poisson d'avril!	*April Fool!*
Vive le roi!	*Long live the King!*
C'est quoi, ta fête préférée?	*Which is your favourite occasion?*
Ma fête préférée, c'est …	*My favourite occasion is …*
Comment est-ce que tu fêtes …?	*How do you celebrate …?*
Je vais …	*I go …*
chez mes grands-parents	*to my grandparents'*

Festivals ☆	
au restaurant	*to the restaurant*
Qu'est-ce que tu manges?	*What do you eat?*
Je mange un bon repas, (avec des fruits de mer et de la dinde).	*I eat a good meal, (with shellfish and turkey).*
Qu'est-ce que tu bois?	*What do you drink?*
Je bois un peu de champagne.	*I drink some champagne.*
Est-ce que tu as des cadeaux?	*Do you get presents?*
Je n'ai pas de cadeaux.	*I don't get any presents.*
Cette année, …	*This year, …*
J'ai mis des bougies.	*I lit candles.*
J'ai mis un costume.	*I wore a costume.*
Je suis allé(e) à une boum.	*I went to a party.*
J'ai bu du punch aux fruits.	*I drank some fruit punch.*
J'ai mangé des gâteaux.	*I ate some cakes.*
J'ai regardé une cassette vidéo.	*I watched a videocassette.*
C'était super!	*It was fun!*

🖉   ☞ **Mon vocabulaire**

ANGLAIS	FRANÇAIS

I can ...	Students' Book page	me	checked by my partner
ask when someone's name-day is	*60–61*	☐	☐
say when my name-day is		☐	☐
name eight special celebrations		☐	☐
wish someone Happy Birthday		☐	☐
wish someone Merry Christmas		☐	☐
wish someone a Happy New Year		☐	☐
wish someone Happy Easter		☐	☐
say "April Fool" to someone		☐	☐
wish someone Happy Mother's Day		☐	☐
ask what someone's favourite celebration is	*62–63*	☐	☐
say what my favourite celebration is		☐	☐
ask someone how they celebrate a particular occasion		☐	☐
say what I eat and drink for a particular celebration		☐	☐
say what I do for a particular celebration, including:		☐	☐
– who I see		☐	☐
– what I do		☐	☐
– where I go		☐	☐
– whether or not I receive presents		☐	☐
say what I did for a particular celebration this year	*64–65*	☐	☐

Grammar:

list some irregular adjectives and write them correctly	*63*	☐	☐
use *aller* in the past tense (*je suis allé(e)*, etc.)	*65*	☐	☐

What I found easy: _____

What I found difficult and need to go over again: _____

What I need to learn by heart: _____

What I liked doing most: _____

1 Trouve les dix moyens de transport dans la grille.
Find the names of ten means of transport in the grid.

J	L	A	V	O	I	T	U	R	E	E
L	E	M	É	T	R	O	V	A	I	S
E	B	N	L'	A	V	I	O	N	F	R
L	A	M	O	B	Y	L	E	T	T	E
E	T	A	L	L	E	T	R	A	I	N
B	E	L	E	S	H	U	T	T	L	E
U	A	N	C	C	E	E	N	A	É	R
S	U	O	A	G	L	I	S	S	E	U
L'	E	U	R	O	S	T	A	R	R	!

l'avion
le bateau
le bus
le car
l'Eurostar
le métro
la mobylette
le Shuttle
le train
la voiture

2 Avec les autres lettres, découvre le message secret!
Make up the mystery message with the remaining letters.

J_ _!

3 Et toi? Réponds aux questions.
What about you? Answer the questions.

a Comment est-ce que tu vas à l'école?

_____

b Comment est-ce que tu vas en ville?

_____

c Comment est-ce que tu vas chez ton copain/ta copine?

_____

1 Relie.
Match up the two sentence halves.

1	2	3	4

1 Je suis allé(e)   **a** le train

2 Je suis parti(e)   **b** à Paris

3 Je suis resté(e)   **c** le 22 mai

4 J'ai pris   **d** une semaine

2 Lis les bulles et relie aux bons dessins.
Read the bubbles and match them up to the correct drawings.

1

> Je suis allée en Allemagne. Je suis parti le vingt et un juin. Je suis resté quatre jours. J'ai pris le train.

2

> Je suis allée en Italie. Je suis partie le onze août. Je suis restée un week-end. J'ai pris l'avion.

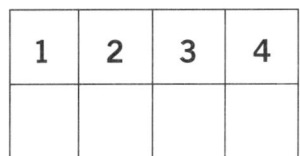

a

b

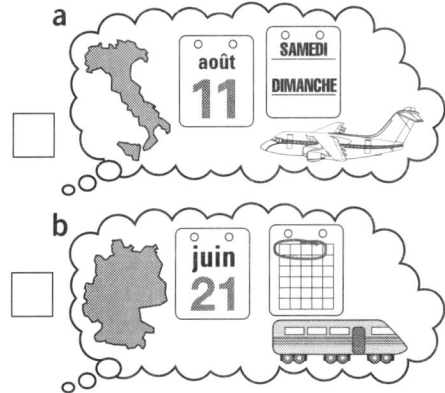

3 Écris dans les bulles.
Write in the speech bubbles.

⟩⟨ Flashback ⟩⟨

- The perfect tense (with *avoir*):
  j'ai + **past participle of verb**
  j'ai **visité**
  j'ai **pris**
  j'ai **fait**

- The perfect tense with *être* (usually verbs of movement):
  je suis + **past participle of verb**
  je suis **allé(e)**, *je suis* **parti(e)**,
  je suis **resté(e)**

  Remember the agreement after *être*:
  il est allé　elle est allée　ils sont allés
  elles sont allées

1 **Écris l'équivalent anglais de ces verbes.**
Fill in the grid with the English equivalent of these verbs.

	français	anglais
a	aller	*to go*
b	arriver	
c	rentrer	
d	monter	
e	partir	
f	rester	

2 **Complète avec *je suis* ou *j'ai*.**
Fill in je suis *or* j'ai *to complete the sentences.*

a *Je suis allé à Paris.*
b _____ pris le train.
c _____ resté un week-end.
d _____ visité le musée du Louvre.
e _____ monté à la tour Eiffel.
f _____ parti le lundi matin.

3 **Écris la bonne forme du participe passé.**
Fill in the correct form of the past participle.

a Je suis [*partir*] *parti* le 1er août.
b Je suis [*rester*] _____ un mois.
c Je suis [*rentrer*] _____ le 31 août.
d Je suis [*monter*] _____ à la Tour Eiffel.
e Je suis [*aller*] _____ à Paris!

f Moi aussi, je suis *partie* le 1er août!
g Moi aussi, je suis _____ un mois!
h Moi aussi, je suis _____ le 31 août!
i Moi, je ne suis pas _____ à la Tour Eiffel!
j Moi, je suis _____ à Paris ... Texas!

1 Laure et Luc sont allés en Angleterre. Lis les lettres.
Laure and Luc went to England. Read their letters.

Bonjour, Luc!
Je suis allée à Londres chez ma correspondante. Je suis partie le 1er août. Je suis restée deux semaines. J'ai pris l'Eurostar. J'ai visité des musées super. Je suis allée au théâtre voir Cats. C'était génial! Et j'ai joué au golf!
C'était vraiment super!
Et toi, qu'est-ce que tu as fait pendant les vacances? C'était comment?
À bientôt,

Laure

Salut Laure!
Moi aussi, je suis allé à Londres dans une famille! Je suis parti le 10 août. J'ai pris le bateau. Je suis resté une semaine. Ah! l'horreur! C'était nul! Je n'ai pas visité Londres. J'ai fait du vélo dans un parc.
Je suis resté à la maison. J'ai regardé la télé. Voilà, c'est tout!
C'était vraiment nul!
Je t'embrasse.

Luc

2a C'est qui, Luc ou Laure?
Who is it, Luc or Laure? Write in the correct name.

_____Luc_____ _____ _____ _____ _____ _____

2b Écris la bonne phrase pour chaque dessin (1–6).
Write the correct caption for each picture (1–6 above).

1 *J'ai pris le bateau.* _____

2 _____

3 _____

4 _____

5 _____

6 _____

Attention!

= je suis allée/ restée   = je suis allé/ resté

3 Invente un séjour dans une famille en France. C'était super ou nul?
Écris une lettre à la page 51.
Imagine you spent a fortnight with a French family. Was it great or awful?
Write a letter on page 51.

1a Relie les questions (a–f) aux dessins (1–6).
Match up the questions (a–f) to the pictures (1–6).

1	2	3	4	5	6
f					

a C'est combien l'aller simple pour un piéton?
b C'est combien l'aller-retour pour un piéton pour une journée?
c C'est combien l'aller-retour pour une voiture et deux personnes pour trois jours?
d C'est combien l'aller-retour pour une voiture et une personne pour une journée?
e Il y a un bateau à quelle heure le soir?
f Il y a un bateau à quelle heure le matin?

1b Recopie les questions.
Copy the right questions beside the pictures.

1

2  *Il y a un bateau à quelle heure le matin?*

3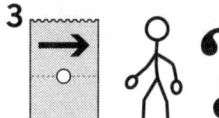

4

5

6

2 👥 Pose trois des questions a-f à ton/ta partenaire. Il/Elle regarde le tarif à la page 78 d'Équipe 2. Puis changez de rôles.
Ask your partner three questions from a–f above. He/She looks at the price list on page 78 of Équipe 2 and answers. Then swap roles.

Les transports ⭐	Transport
l'aéroglisseur	hovercraft
l'avion	plane
le bateau	boat, ferry
le bus	bus
le car	coach
l'Eurostar	Eurostar
le métro	underground
la mobylette	moped
le Shuttle	Eurotunnel shuttle
le train	train
la voiture	car
le vélo	bicycle
je vais à/au/aux/en ...	I go to (the) ...
à pied/à vélo	on foot/by bike
en bus/voiture	by bus/car
Je prends le train.	I go by train.

Les vacances ⭐	Holidays
Je suis allé(e) en France.	I went to France.
Je suis parti(e) le 20 juin.	I left on the 20th June.
Je suis resté(e) une semaine.	I stayed a week.
J'ai pris le bateau.	I travelled by boat.
Qu'est-ce que tu as fait pendant les vacances?	What did you do during the holidays?
J'ai visité des musées.	I visited museums.
J'ai fait du vélo.	I went cycling.
Je suis allé(e) au théâtre.	I went to the theatre.
Je suis resté(e) à la maison.	I stayed at home.
C'était comment?	What was it like?
C'était super/génial!	It was great!
C'était nul!	It was awful!

Informations sur le ferry ⭐	Ferry enquiries
Il y a un bateau à quelle heure le matin?	What time is there a boat in the morning?
Il y a un bateau à quelle heure le soir?	What time is there a boat in the evening?
C'est combien?	How much is it?
l'aller simple	single
l'aller-retour	return
pour un piéton	for a foot passenger
pour une voiture et deux personnes	for a car and two people
pour une journée	for a day
pour trois jours	for three days

I can …	Students' Book page	me	checked by my partner
name ten means of transport	72–73	☐	☐
say how I get to school		☐	☐
say how I go into town		☐	☐
ask someone where they went on holiday	74–75	☐	☐
ask someone when they left		☐	☐
say when I left		☐	☐
ask someone how long they stayed		☐	☐
say how long I stayed		☐	☐
ask someone how they travelled		☐	☐
say how I travelled		☐	☐
ask someone what they did during their holiday	76–77	☐	☐
say four things I did on holiday		☐	☐
ask what someone's holiday was like		☐	☐
ask when there is a boat	78–79	☐	☐
ask how much a return ticket is		☐	☐
ask how much a single ticket is		☐	☐
say it's for a foot passenger		☐	☐
say it's for a car and two people		☐	☐
say it's for one day		☐	☐
say it's for five days		☐	☐

Grammar:

		me	checked by my partner
list the verbs which take *être* in the past tense and know their past participles	75	☐	☐

What I found easy: _____

What I found difficult and need to go over again: _____

What I need to learn by heart: _____

What I liked doing most: _____

1 Jojo est fils de millionnaire. Qu'est-ce qu'il a acheté avec son argent de poche la semaine dernière? Trouve dix choses.

Jojo is the son of a millionaire. What did he buy with his pocket money last week? Find ten things.

livreMagazinecassettebasketsordinateurVéloguitaremobyletteVêtementsWalkman

1 un livre _____
2 un _____
3 une _____
4 des _____
5 un _____

6 un _____
7 une _____
8 une _____
9 des _____
10 un _____

2 Trouve les dix mots dans la grille. Écris les lettres qui restent.

Find the ten words above in the wordsquare. Write out the letters that are left to find out what Amandine has bought.

V	Ê	T	E	M	E	N	T	S	O
U	M	N	B	L	V	É	L	O	R
O	A	U	S	O	W	N	E	C	D
N	G	U	I	T	A	R	E	A	I
L	A	J	E	A	L	N	E	S	N
I	Z	B	A	S	K	E	T	S	A
V	I	T	U	N	M	N	O	E	T
R	N	U	V	E	A	A	U	T	E
E	E	V	É	L	N	O	!	T	U
M	O	B	Y	L	E	T	T	E	R

J'ai acheté _____
_____
_____!

3 Imagine que tu es millionnaire. Qu'est-ce que tu achètes avec ton argent? Écris une phrase à la page 51.

Imagine you are a millionaire. What do you buy? Write a sentence on page 51.

Exemple *Avec mon argent, j'achète des magazines, ... etc.*

1 Trouve la bonne phrase pour chaque dessin.
Find the right caption for each picture.

a Je lave la voiture.
b Je fais des courses.
c Je fais le ménage.
d Je garde mon petit frère.
e Je promène le chien.
f Je fais du baby-sitting.

1	2	3	4	5	6
f					

2 Complète les bulles.
Write one of the sentences in the box on the right into each speech bubble.

a Je fais des courses le samedi matin.
b Je fais du baby-sitting. C'est intéressant.
c Je promène le chien. C'est fatigant!

3 Et toi? Tu as un petit boulot? Écris une phrase à la page 59.
Do you do a job to earn pocket money? Write a sentence on page 59. (If you don't do any jobs, make something up.)

⚡ *Flashback* ⚡

Use the **passé composé** to talk about what happened in the past:
*Martin **a trouvé** un petit boulot.*   Martin **found** a job.
*Sa mère **est partie** habiter à Nice.* His mother **has gone** to live in Nice.

- The first part of the *passé composé* is part of the verb *avoir* or *être*:
  *Nathalie **a** acheté du chewing-gum. Antoine **est** sorti avec des copains.*

- The second part of the *passé composé* is a past participle:
  *Karima a **fait** du baby-sitting.*

1 **Complète.**
Fill in the right part of avoir *or* être *in each case.*

avoir

j'	_____	*I have*
tu	_____	*you have*
il	_____	*he has*
elle	_____	*she has*
nous	_____	*we have*
vous	_____	*you have (plural or polite)*
ils/elles	_____	*they have*
on	_____	*we/people have*

a   ai   as   ont   avez   avons   a   a

être

je	_____	*I am*
nous	_____	*we are*
tu	_____	*you are*
vous	_____	*you are (plural or polite)*
il	_____	*he is*
ils/elles	_____	*they are*
elle	_____	*she is*
on	_____	*we/people are*

est   es   est   suis   êtes   sommes   est   sont

2 **Souligne.**
Underline the past participle in the following sentences.

Exemple Martin a <u>acheté</u> un magazine.

a Mon père a lavé la voiture.
b Samedi, j'ai acheté des baskets en ville.
c Tu as gagné beaucoup d'argent?
d Qu'est-ce qu'ils ont fait pour gagner de l'argent?
e Je suis allé au supermarché pour acheter du fromage.
f Il dit que Martin est venu au marché.

3 **Relie.**
Draw arrows between each infinitive and its past participle.

infinitives	past participles
aller	venu
boire	fait
faire	pris
prendre	allé
travailler	travaillé
venir	bu

1 **Écoute la chanson et complète.**
Listen to the song and write in the missing words. Choose from the words in the grey boxes.

Les petits boulots

Je fais du _____

Pour Isabelle ma _____,

Je _____ les trois voitures

du voisin, Monsieur Arthur,

Je passe l'aspirateur

Dans la _____ de ma sœur.

Je sors aussi tous les chiens

De mon grand-père Benjamin.

> cousine   baby-sitting
> maison   lave

Ça y est, ça y est!

J'ai de l'argent de côté.

Ça y est, ça y est!

Je vais pouvoir m'amuser.

Je ne fais plus de baby-sitting,

Je vais _____

Je ne lave plus toutes ces voitures,

Je vois des _____ d'aventure.

Je ne passe plus l'aspirateur,

_____ des jeans Lee Cooper.

Je ne sors plus tous ces gros

_____,

Je fais tous les magasins!

> films   chiens   j'achète
> faire du shopping

Oh non, oh non!

J'ai déjà tout dépensé.

Oh non, oh non!

Je vais devoir retravailler!

2 **Dans la chanson, trouve l'équivalent français des phrases suivantes.**
In the song, find the French equivalent for each of the following sentences.

a I've got some money saved.

_____

b I don't do baby-sitting any more.

_____

c I don't wash all those cars any more.

_____

d I've already spent everything.

_____

e I'm going to have to work again.

_____

Chère Karine,

Samedi dernier, c'était l'anniversaire d'Antoine. On a organisé une super boum chez moi. J'ai fait les invitations sur mon ordinateur et Martin a distribué les invitations.

Samedi matin, Karima a acheté de la limonade et du coca et j'ai préparé des pizzas.

Le soir, Martin a apporté son radiocassette et des cassettes. La boum était super!

Après, j'ai nettoyé la salle et Karima et Martin ont fait la vaisselle. J'adore les boums mais je déteste ranger après!

Grosses bises,

Nathalie

1 **Lis la lettre. Numérote les dessins dans l'ordre mentionné.**
Read the letter. Number the symbols in the order the jobs are mentioned in the letter.

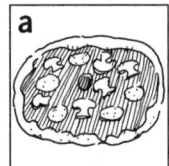    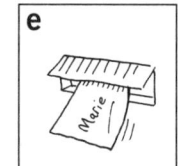 

1	2	3	4	5	6	7	8
b							

2 **Qui a fait quoi pour la boum? Complète a grille.**
Who did what for the party? Fill in the grid.

Nathalie	Martin	Karima
a fait les invitations		

3 **Et toi? Qu'est-ce que tu as fait pour la boum de Mehdi? Écris des phrases à la page 59.**
The symbols show what you did for Mehdi's party. Write sentences to explain on page 59.

 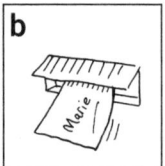 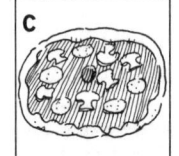  

Exemple *Pour la boum de Mehdi, j'ai fait les invitations.*

L'argent de poche ⭐ *Pocket money*	
J'achète …	*I buy …*
un livre	*a book*
une cassette	*a cassette*
un magazine	*a magazine*
des vêtements	*clothes*
un ordinateur	*a computer*
des baskets	*trainers*
un vélo	*a bike*
une guitare	*a guitar*
une mobylette	*a moped*
un blouson en jean	*a denim jacket*
un walkman	*a personal stereo*

Les petits boulots ⭐ *Jobs*	
Tu as un petit boulot?	*Do you have a job?*
Je fais du baby-sitting.	*I do some babysitting.*
Je fais les courses.	*I do the shopping.*
Je garde mon frère.	*I look after my brother.*
Je fais le ménage.	*I do housework.*
Je promène le chien.	*I walk the dog.*
Je lave la voiture.	*I wash the car.*
C'est fatigant.	*It's tiring.*
C'est intéressant.	*It's interesting.*

La boum ⭐	*Party*
On a organisé une super boum.	*We organised a great party.*
J'ai fait les invitations.	*I did the invitations.*
J'ai préparé des pizzas.	*I prepared some pizzas.*
J'ai nettoyé la salle.	*I cleaned the room.*
Elle a acheté de la limonade et du coca.	*She bought lemonade and Coke.*
Il a distribué les invitations.	*He gave out the invitations.*
Il a apporté un radiocassette.	*He brought a cassette player.*
Ils ont fait la vaisselle.	*They did the washing-up.*

✏️   ☞ **Mon vocabulaire**

ANGLAIS	FRANÇAIS

I can ...	Students' Book page	me	checked by my partner
ask how much pocket money someone gets	*86–87*	☐	☐
say how much pocket money I get		☐	☐
ask someone what they do with their pocket money		☐	☐
name nine things I spend my money on		☐	☐
ask someone if they save any money		☐	☐
say what I save my money for		☐	☐
ask someone if they have a job	*88–89*	☐	☐
say what I do to earn money		☐	☐
say why I like a job		☐	☐
say why I don't like a job		☐	☐
say what jobs I did last week		☐	☐
say I have no more money	*90–91*	☐	☐
say I don't save any money		☐	☐
say I never go to the cinema		☐	☐
name ten things I did to help prepare for a party	*92–93*	☐	☐
say what present I bought		☐	☐
say why I bought a particular present		☐	☐

Grammar:

	Students' Book page	me	checked by my partner
use the past tense with both *avoir* and *être*	*89*	☐	☐
say 'never' (*ne ... jamais*), 'no longer' (*ne ... plus*) and 'nothing' (*ne ... rien*) and use them in a sentence	*91*	☐	☐

What I found easy: _____

What I found difficult and need to go over again: _____

What I need to learn by heart: _____

What I liked doing most: _____

1 Écris une suggestion sous chaque dessin.
How can you improve your French? Write a suggestion under each picture.

> **Suggestions**
> – On peut *écouter la radio.*
> – On peut *lire un magazine français.*
> – On peut *écrire à un correspondant.*
> – On peut *regarder des cassettes vidéo*
>   *françaises.*
> – On peut *utiliser un dictionnaire.*
> – On peut *utiliser un ordinateur.*

a _____

b _____

c _____

d _____

e _____

f _____

2 Et toi? Pour apprendre le français, qu'est-ce
que tu préfères? Écris trois phrases.
*Which do you think are the best ways
to learn French? Write three sentences
starting with* Je préfère.

Exemple Je préfère écouter la radio.

Moi, je préfère utiliser un ordinateur.

a _____

b _____

c _____

1a Remets la conversation dans l'ordre.
Put the sentences in the right order to make a conversation.

1	2	3	4	5	6
c					

a
C'est le 02 77 43 55 19.

b
Oui, attends.
Ne quitte pas.

c
C'est quoi, le numéro de téléphone?

d
Non, c'est Pierre.

e
(dring, dring) Allô, Max?

f
Salut, Pierre! Est-ce que je peux parler à Max, s'il te plaît?

1b Écris le dialogue dans le bon ordre.   *Write out the conversation in the correct order.*

_____

_____

_____

_____

_____

2 Lis les phrases et complète les numéros de téléphone.
Read the sentences below and complete the telephone numbers in the advert.
(If you need help with numbers, turn to page 76.)

- Le numéro du Bois de Boulogne, c'est le zéro trois, vingt, cinquante-sept, trente-huit, zéro huit.
- Le musée d'Art Moderne, c'est le zéro trois, vingt, zéro cinq, quarante-deux, quarante-six.
- Le musée d'Histoire Naturelle, c'est le zéro trois, vingt, cinquante-trois, trente-huit, quarante-six.

Visitez Lille!

- son Bois de Boulogne

  Tél: 03 20 57___ ___

- son musée d'Art Moderne

  Tél: 03 20 ___ ___ ___

- son musée d'Histoire Naturelle

  Tél: 03 ___ ___ ___ ___

1   **Relie les réponses aux questions.**
Match answers a–e to the questions on the computer screen.

1	2	3	4	5
b				

Tu utilises un ordinateur:

1   pour jouer aux jeux électroniques?

2   pour surfer sur Internet?

3   pour écrire des lettres?

4   pour faire tes devoirs?

5   pour communiquer par E-mail?

a   Non, on n'a pas Internet à la maison.

b   Oui, je joue aux jeux électroniques tous les soirs.

c   J'utilise un ordinateur pour faire mes devoirs d'anglais.

d   Oui, j'aime bien écrire des lettres sur ordinateur.

e   Oui, j'envoie des messages à mes cousins au Canada.

2   **Et toi? Réponds aux questions 1– 5.**
Give your own answers to questions 1–5.

1 _____

2 _____

3 _____

4 _____

5 _____

1 **Recopie chaque phrase sous le bon dessin.**
Copy each sentence under the right picture.
a C'est l'ordinateur *qui* est sur la table.
b C'est la disquette *qui* est dans mon sac.
c Marie est la fille *qui* lit un magazine.
d Paul est le garçon *qui* surfe sur Internet.
e J'ai un chien *qui* adore les jeux électroniques.
f Prends la cassette *qui* est devant le téléphone.

Flashback

Qui means *who, which* or *that*. It is used to link two parts of a sentence, to avoid repetition.

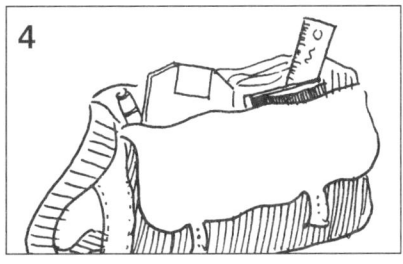

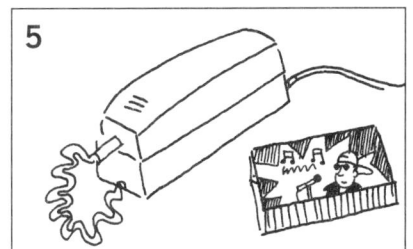

2 **Décris ces images.**
Write a sentence using qui *to describe each of these pictures.*

1 **Lis la lettre. Coche a, b ou c.**
Read the letter. Choose the correct ending for each of the sentences below. Tick a, b or c.

> Oxford, le 26 mai
> Monsieur,
> Je vais passer un week-end à Dieppe au mois de juillet avec mes parents. Pouvez-vous, si possible, m'envoyer une liste des hôtels et des attractions à Dieppe?
>
> Veuillez agréer, Monsieur, l'expression de mes sentiments respectueux,
>
> Anne Davenport

1 Anne wrote the letter on
a 26th March ☐
b 26th May ☐
c 26th July ☐

2 She is going to Dieppe for
a the day ☐
b the weekend ☐
c a month ☐

3 She plans to go in
a June ☐
b July ☐
c August ☐

4 She is going with
a her school ☐
b her friends ☐
c her Mum and Dad ☐

5 She is asking for
a a map and a list of hotels ☐
b a list of hotels and details of what's on ☐
c details of how to get to Dieppe ☐

2a **Imagine! Tu pars en France. Qu'est-ce que tu préfères?**
Imagine that you are going to France. Tick which of these options you would prefer.

Paris ☐   trois jours ☐   septembre ☐   famille ☐

Nice ☐   dix jours ☐   décembre ☐   copains ☐

2b **Écris une lettre à l'Office de Tourisme. Adapte la lettre d'Anne page 67.**
Write a letter to a French tourist office. Use the details you ticked in 2a and adapt Anne's letter on page 67. You will need to change the words and phrases underlined.

Apprendre le français	*Learning French* ☆
On peut ...	*You can ...*
écouter la radio	*listen to the radio*
lire un magazine français	*read a French magazine*
écrire à un correspondant	*write to a penfriend*
regarder des cassettes françaises vidéo	*watch French videos*
utiliser un ordinateur	*use a computer*
utiliser un dictionnaire	*use a dictionary*
Je préfère ...	*I prefer ...*

Au téléphone ☆	*On the phone*
C'est quoi, le numéro de téléphone?	*What's the phone number?*
C'est le ...	*It's ...*
Allô?	*Hello?*
C'est ... ?	*Is that ...?*
C'est ...	*It's ... speaking.*
Est-ce que je peux parler à ..., s'il vous plaît?	*Can I speak to ..., please?*
soixante	*60*
soixante-dix	*70*
soixante-quinze	*75*
quatre-vingts	*80*
quatre-vingt-dix	*90*
quatre-vingt-dix-neuf	*99*

L'informatique ☆	*Computers*
J'utilise un ordinateur pour ...	*I use a computer to ...*
faire mes devoirs	*do my homework*
jouer aux jeux électroniques	*play computer games*
écrire des lettres	*write letters*
surfer sur Internet	*surf the Internet*
communiquer par E-mail	*e-mail people*
J'envoie des messages à ...	*I send messages to ...*
On n'a pas Internet à la maison.	*We don't have Internet access at home.*
C'est l'ordinateur qui est sur la table.	*It's the computer that's on the table.*
une disquette	*a floppy disk*

Écrire une lettre ☆	*Writing a letter*
Monsieur ...	*Dear Sir ...*
Veuillez agréer, Monsieur, l'expression de mes sentiments respectueux ...	*Yours faithfully ...*

I can ...	Students' Book page	me	checked by my partner
say nine things you can do to learn a language	*98–99*	☐	☐
say something is very important		☐	☐
say something is more important		☐	☐
ask someone for their telephone number	*100–101*	☐	☐
ask what the telephone number of a particular place is		☐	☐
give my telephone number		☐	☐
say hello on the phone and say who I am		☐	☐
ask if I can speak to someone		☐	☐
count from 60–100		☐	☐
name eight parts of a computer	*102–103*	☐	☐
say what four parts of a computer are for		☐	☐
say what I use a computer for		☐	☐
start and end a letter to a friend	*104–105*	☐	☐
start and end a formal letter		☐	☐

Grammar:

use *qui* in a sentence to mean "which" or "who"	*102*	☐	☐
use *il faut* in a sentence	*103*	☐	☐
use *pour* followed by a verb	*102*	☐	☐

What I found easy: _____

What I found difficult and need to go over again: _____

What I need to learn by heart: _____

What I liked doing most: _____

1 **Relie les dessins aux bulles. Écris les noms dans les bulles.**
Match up the pictures to the bubbles. Write the names in the bubbles.

1	2	3	4
c			

1  2 3 4

| Obélix | Blanche | Millie | Hercule |

a Je suis grec. Je suis grand et mince. Je suis blond. J'ai les cheveux courts et frisés. J'ai les yeux bleus.

Je m'appelle_____.

c Je suis danoise. Je suis petite, assez mince. Je suis brune. J'ai des cheveux longs et frisés. J'ai les yeux marron.

Je m'appelle _____.

b Je suis gaulois. Je suis grand et gros. Je suis roux. J'ai les cheveux longs et raides. J'ai les yeux bleus.

Je m'appelle

_____.

d Je suis américaine. Je suis grande et très mince. Je suis blonde. J'ai les cheveux longs et raides. J'ai les yeux bleus.

Je m'appelle _____.

2 **Et toi? Complète la bulle.**
Write about yourself in the speech bubble.

Je me présente. Je m'appelle _____.

J'ai _____ ans. Je suis _____ .

Je suis _____ .

J'ai les cheveux _____ .

J'ai les yeux _____ .

1 Écris le numéro des pièces. *Write down the number of each room.*

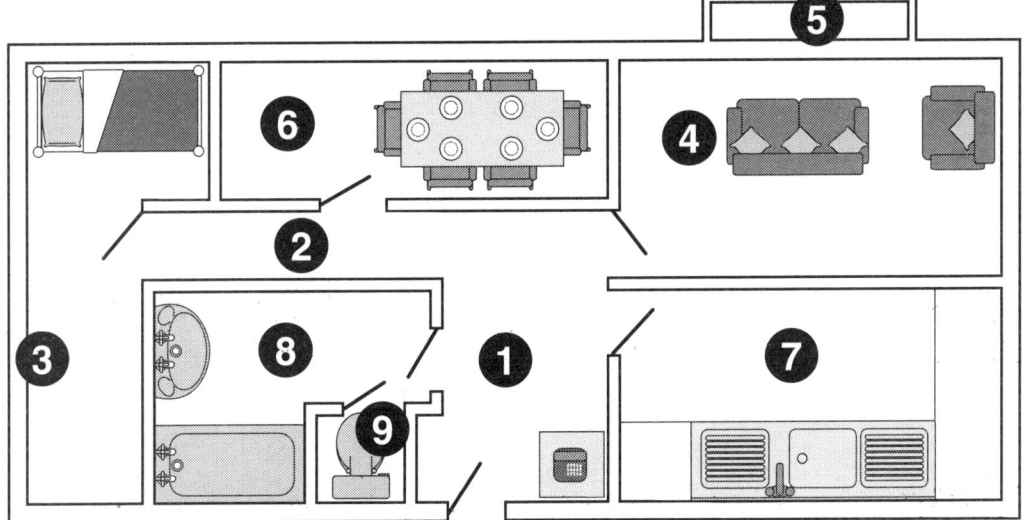

le balcon	5
la cuisine	
la salle de bains	
la chambre	
l'entrée	
le séjour	
le couloir	
la salle à manger	
les WC	

2 C'est quelle pièce? *Which room is it?*

1 C'est à droite de la salle à manger. ☐

2 C'est à gauche du séjour. ☐

3 C'est en face de la cuisine. ☐

4 C'est au bout du couloir. ☐

5 C'est à côté des WC. ☐

3 Complète les phrases.

Write in the right phrase from the box below into each question and the name of the room into each answer.

  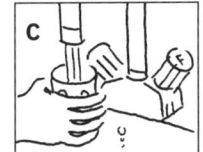   

Exemple **a** Tu veux <u>téléphoner chez toi</u>? Va dans <u>l'entrée</u>.

b Tu veux _____? Va dans _____.

c Tu veux _____? Va dans _____.

d Tu veux _____? Va dans _____.

e Tu veux _____? Va dans _____.

f Tu veux _____? Va dans _____.

boire quelque chose	téléphoner chez toi	te reposer
défaire tes bagages	manger quelque chose	prendre une douche

1 **Voici les trois derniers jours de Lothaire à Dieppe. Complète son journal.**
Read about the last three days of Lothaire's stay in Dieppe. Fill in his diary with the verbs in the box below and write in his opinions about what he did.

 = *c'était intéressant/sympa*    = *c'était super*    = *c'était nul*

je suis allé   je suis allé   je suis allé   j'ai fait   j'ai mangé   j'ai regardé

dimanche 19 juillet

(a) _J'ai fait____ une promenade en mer

avec Martin et Nathalie.

_C'était super!____ Le soir,

(b) _____ au cinéma

avec Martin. C'était un film avec

Schwarzenegger.

_____!

lundi 20 juillet

Ce matin, **(c)** _____
_____

à la piscine avec Martin.

_____ ! L'eau était

chaude!

Après, **(d)**_____

au Quick avec Martin et ses copains,

Nathalie et Antoine.

_____ .

mardi 21 juillet

Ce matin, **(e)** _____ un match de foot

avec Martin. _____!

Après, **(f)** _____

au musée avec Nathalie. Ah, Nathalie!!!! _____!

2 **Invente les deux premiers jours de Lothaire à Dieppe. Écris son journal à la page 75. Adapte les modèles.**
Imagine Lothaire's first two days in Dieppe. Write his diary on page 75, adapting the models.

Flashback

perfect tense (to say what happened)		imperfect tense (to say how it was)	
J'ai fait un gâteau.	I made a cake.	*C'était bon.*	It was nice.
Je suis allé(e) au cinéma.	I went to the cinema.	*C'était nul.*	It was rubbish.
J'ai mis ma robe.	I put on my dress.	*C'était super!*	It was great!

1 **Écris les phrases au passé, comme dans l'exemple.**
Write the sentences in the past, following the example of the first sentence.

a Je fais la cuisine. C'est bon!

Hier, *j'ai fait la cuisine. C'était bon!*

b Je vais au cinéma voir James Bond. C'est nul!

Hier, _____.

_____

c Je fais mes devoirs. C'est difficile.

Hier, _____.

_____

d Léon met de la musique. C'est nul!

Hier, _____.

_____

e Mon frère met ses vêtements d'Action Man. C'est horrible!

Hier, _____.

_____

f Mon père fait les courses. C'est sympa.

Hier, _____.

_____

1a **Avant d'écouter la cassette, relie et fais dix questions.**
Before you listen to the cassette, match the two columns to make up ten questions.

1	b
2	
3	
4	
5	
6	
7	
8	
9	
10	

1 Tu es déjà allée   a comment?
2 Tu as   b dans quels pays?
3 Tu es restée   c voyagé comment?
4 Tu as   d combien de temps?
5 C'était   e fait quoi?
6 Est-ce que tu as   f l'anglais comment?
7 Tu as   g un petit boulot?
8 Qu'est-ce que tu fais   h quelles langues?
9 Tu parles   i de ton argent de poche?
10 Tu apprends   j combien d'argent de poche?

1b **Écoute pour vérifier.**
Listen to check your answers.

2a **Écoute. Coche (✔) la bonne réponse, a ou b.** *Listen. Tick the right answer, a or b.*

1 a Je suis allée en Angleterre, au Portugal, en Espagne et en Autriche. ☐
  b Je suis allée seulement en Italie. ☐

2 a J'ai voyagé en car et en avion. ☐
  b J'ai voyagé en camping-car et en bateau. ☐

3 a Je suis restée un mois ou deux. ☐
  b Je suis restée une semaine ou deux. ☐

4 a J'ai visité des châteaux, vu des monuments et je suis allée faire des boutiques. ☐
  b J'ai mangé au restaurant et j'ai fait des pique-niques. ☐

5 a C'était vraiment nul. ☐
  b C'était vraiment bien. ☐

6 a Je fais du baby-sitting et je repasse. ☐
  b Je fais du body-building et des massages. ☐

7 a Comme argent de poche, j'ai entre 10 et 25 euros. ☐
  b Comme argent de poche, j'ai entre 8 et 20 euros. ☐

8 a Avec mon argent, j'achète des vêtements et des disques. ☐
  b Avec mon argent, j'achète des bonbons et des disques. ☐

9 a Je parle anglais et allemand. ☐
  b Je parle anglais et espagnol. ☐

10 a Pour apprendre l'anglais, je regarde des films et je lis des magazines. ☐
  b Pour apprendre l'anglais, je regarde la télé et j'écoute la radio. ☐

2b **Réécoute pour vérifier.** *Listen again to check your answers.*

Descriptions ☆	Descriptions
Je me présente.	I'll introduce myself.
Je m'appelle ...	My name is ...
J'ai ... ans.	I am ... years old.
Je suis américain/ américaine.	I'm American.
grec/grecque	Greek
danois(e)	Danish
gaulois(e)	Gaulish
Je suis ...	I'm ...
... grand(e)	tall
... petit(e)	small
... assez gros(se)	quite plump
... mince	slim
Je suis brun(e).	I've got dark hair.
Je suis blond(e).	I've got blond hair.
J'ai les cheveux ...	I've got ... (hair)
... courts	short hair
... longs	long hair
... frisés	curly hair
... raides	straight hair
J'ai les yeux ...	I've got ... (eyes)
... bleus	blue eyes
... verts	green eyes
... marron	brown eyes
J'ai des lunettes.	I wear glasses.

Opinions ☆	Opinions
C'était intéressant.	It was interesting.
C'était sympa.	It was nice.
C'était super!	It was great!
C'était nul!	It was horrible!

Les pièces ☆	Rooms
le balcon	balcony
la chambre	bedroom
le couloir	corridor
la cuisine	kitchen
l'entrée	hallway
la salle à manger	dining room
la salle de bains	bathroom
le séjour	living room, lounge
les WC	toilet

Tu veux ... ☆	Would you like to ...
... boire quelque chose?	drink something?
... défaire tes bagages?	unpack?
... manger quelque chose?	eat something?
... prendre une douche?	take a shower?
... téléphoner chez toi?	phone home?
... te reposer	have a rest?

Les prépositions ☆	Prepositions
à droite du/de la/des ...	to the right of ...
à gauche de ...	to the left of
en face de ...	opposite
à côté de ...	beside
au bout de ...	at the end of

I can ...	Students' Book page	me	checked by my partner
say my name and age	*110–111*	☐	☐
say what nationality I am		☐	☐
describe my physical appearance (*grand(e)*, *petit(e)*, etc.)		☐	☐
say what type of hair I have		☐	☐
say what colour eyes I have		☐	☐
say whether I wear glasses or not		☐	☐
say how I'm travelling somewhere		☐	☐
ask someone if they want to phone home	*112–113*	☐	☐
ask someone if they want something to eat		☐	☐
ask someone if they want something to drink		☐	☐
ask someone if they want a shower		☐	☐
ask someone if they want to have a rest		☐	☐
asks someone if they want to unpack		☐	☐
accept an offer politely (*Oui, je veux bien, merci*)		☐	☐
refuse an offer politely (*Non, merci, ça va*)		☐	☐
say five things about a stay in France	*114–115*	☐	☐
write a thank you letter to a friend's parents		☐	☐
write a thank you letter to a penfriend		☐	☐

Grammar:

use *c'était* + adjective to talk about how something was in the past	*117*	☐	☐
use *il faut* in a sentence	*103*	☐	☐
use *pour* followed by a verb	*102*	☐	☐

What I found easy: _____

What I found difficult and need to go over again: _____

What I need to learn by heart: _____

What I liked doing most: _____

Méga-quiz

1 **De 0 à 100. Complète.**
From 1 to 100. Fill in the blanks.

0 = zéro
1 = un
2 = deux
3 = trois
4 = quatre
5 = cinq
6 = six
7 = sept
8 = huit
9 = neuf
10 = dix
11 = onze
12 = douze
13 = treize
14 = quatorze
15 = quinze
16 = seize
17 = dix-sept
18 = dix-huit
19 = dix-neuf
20 = vingt
21 = vingt et un
22 = vingt-deux
30 = trente
31 = trente et un
32 = trente-deux
40 = quarante
41 = quarante et un
42 = quarante-deux
50 = c _ _ _ _ _ _ _
51 = cinquante et un

52 = c _ _ _ _ _ _ _ _ - d _ _ _
60 = soixante
61 = s _ _ _ _ _ _ _ et u _
62 = s _ _ _ _ _ _ _ - d _ _ _
70 = soixante-dix
71 = s _ _ _ _ _ _ _ et o _ _ _
72 = s _ _ _ _ _ _ _ - d _ _ _ _
73 = soixante-treize
74 = s _ _ _ _ _ _ _ - q _ _ _ _ _ _ _
75 = s _ _ _ _ _ _ _ - q _ _ _ _ _
76 = soixante-seize
77 = s _ _ _ _ _ _ _ - d _ _ - s _ _ _
78 = s _ _ _ _ _ _ _ - d _ _ - h _ _ _
79 = soixante-dix-neuf
80 = q _ _ _ _ _ - v _ _ _ _ _
81 = q _ _ _ _ _ - v _ _ _ _ _ - u _
82 = quatre-vingt-deux
83 = q _ _ _ _ _ - v _ _ _ _ - t _ _ _ _ _
84 = q _ _ _ _ _ - v _ _ _ _ - q _ _ _ _ _
85 = quatre-vingt-cinq
86 = q _ _ _ _ _ - v _ _ _ _ - s _ _
87 = q _ _ _ _ _ - v _ _ _ _ - s _ _
88 = quatre-vingt-huit
89 = q _ _ _ _ _ - v _ _ _ _ - n _ _ _
90 = q _ _ _ _ _ - v _ _ _ _ - d _ _
91 = quatre-vingt-onze
92 = q _ _ _ _ _ - v _ _ _ _ - d _ _ _
93 = q _ _ _ _ _ - v _ _ _ _ - t _ _ _ _ _
94 = quatre-vingt-quatorze
95 = q _ _ _ _ _ - v _ _ _ _ - q _ _ _ _ _
96 = q _ _ _ _ _ - v _ _ _ _ - s _ _ _ _
97 = quatre-vingt-dix-sept
98 = q _ _ _ _ _ - v _ _ _ _ - d _ _ - h _ _ _
99 = q _ _ _ _ _ - v _ _ _ _ - d _ _ - n _ _ _
100 = c _ _ _ _

Unité 1

Coche (✔) l'intrus.
Tick the odd one out.

1 blanc ☐ noir ☐
  rouge ☐ pantalon ☐

2 jean ☐ sandales ☐
  chaussures ☐ bottes ☐

Unité 2

Coche (✔) la bonne phrase.
Tick the right sentence.

a J'aime regarder les documentaires. ☐

b J'aime regarder les émissions sportives. ☐

c Je n'aime pas regarder les émissions sportives. ☐

a Je préfère les feuilletons. ☐

b Je n'aime pas les informations. ☐

c Je déteste la météo. ☐

Unité 3

Relie et complète.
Choose the right ending and complete the sentences.

1 Samedi, j'ai regardé _____.

2 J'ai acheté _____.

3 J'ai écouté _____.

4 J'ai joué _____.

5 J'ai retrouvé _____.

| de la musique | au basket | mes copains |
| la télévision | des baskets | |

Unité 4

Complète les mots.
Write in the missing letters.

 1 Anne a f _ _ _ les c_ _ _ _ _ _.

2 Marc a f _ _ _ la v _ _ _ _ _ _ _.

 3 Sophie a f _ _ _ la c _ _ _ _ _ _.

Unité 5

Regarde la page 61. Vrai (✔) ou faux (✘)?
Look at page 61. True (✔) or false (✘)?

1 Le 25 décembre, c'est Noël. ☐

2 Le 6 janvier, c'est le Nouvel An. ☐

3 Le 11 novembre, on dit: Joyeuses Pâques! ☐

4 Le 1er janvier, on dit: Bonne année! ☐

Unité 6

Photos-mystère: trouve quatre moyens de transport.

Mystery photos: find four means of transport.

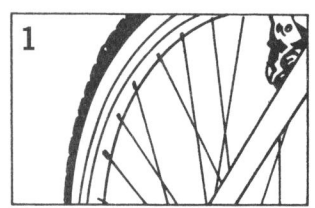
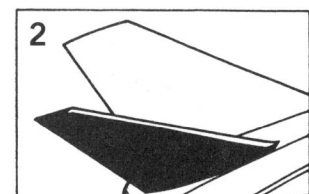

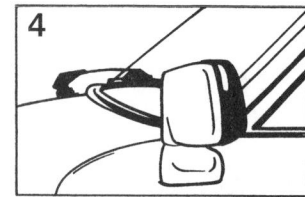

Unité 7

Tu vois les objets suivants? Note ✔ ou ✘.

Can you see these objects? Write ✔ or ✘ beside each one.

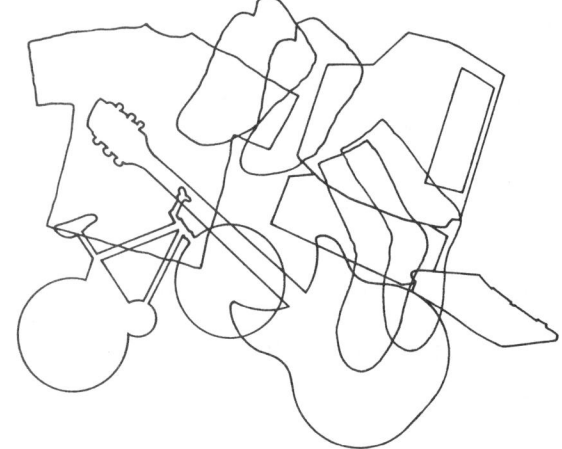
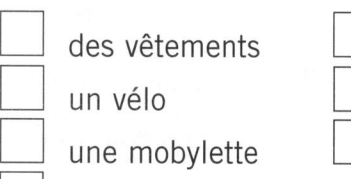

un ordinateur ☐   des vêtements ☐

des baskets ☐   un vélo ☐

une guitare ☐   une mobylette ☐

un blouson en jean ☐

Unité 8

Coche (✔) la bonne réponse, a ou b.

*Tick the right answers, **a** or **b**.*

Tu écris une lettre à un copain …

1 Tu commences:

a Cher Paul ☐

b Monsieur ☐

2 Tu demandes:

a Tu aimes aller au cinéma? ☐

b Vous aimez aller au cinéma? ☐

3 Pour terminer, tu écris:

a Amitiés ☐

b Veuillez agréer l'expression de mes sentiments respectueux. ☐

Unité 9

Souligne l'erreur dans le message de Carine.

Underline the mistake in Carine's message.

MANCHESTER

25 mars

Je prends le train et j'arrive à Manchester le vingt-cinq mars à dix-neuf heures.

Carine

1 **Complète les verbes.**

Fill in the gaps in the verb tables, in French and English.

avoir = *to have*

en français	en anglais
j' _____	*I have*
tu _____	*you _____*
il/elle _____	*he/she _____*
on _____	*we have* (informal)
nous avons	*we have* (formal)
vous _____	*you _____*
ils/elles _____	*they have*

ai	avez	a	as	a	ont

faire = *to make/to do*

en français	en anglais
je fais	*I _____*
tu _____	_____
il/elle _____	_____
on _____	_____
nous _____	_____
vous faites	_____
ils/elles _____	_____

fais	faisons	fait	font	fait

être = *to be*

en français	en anglais
je _____	*I _____*
tu _____	_____
il/elle _____	_____
on _____	*we _____*
nous sommes	_____
vous êtes	_____
ils/elles _____	*they are*

est	suis	es	sont	est

aller = *to go*

en français	en anglais
je _____	*I go*
tu _____	_____
il/elle _____	_____
on _____	_____
nous allons	_____
vous _____	_____
ils/elles _____	_____

va	vais	vas	vont	va	allez

équipe

2

Équipe 2 is the second stage of a stimulating new four-part French course, catering for a wide range of abilities.

The *Équipe Encore 2 Workbook* complements the Students' Book, providing additional support and language practice. It is ideal for homework and independent classroom study.

This Workbook provides:
- extra practice material for the key language and structures of each unit
- pages to consolidate key grammar points
- a vocabulary list for each unit
- unit checklists, for pupils to record their own progress
- an end-of-year quiz

Students' Book	0 19 912352 7	Set of Cassettes	0 19 840620 7
Encore Workbook	**0 19 912355 1**	CDs	0 19 840621 5
En plus Workbook	0 19 912358 6	Flashcard Pack	0 19 912243 1
Teacher's Book	0 19 912364 0	OHT file	0 19 840591 X
Copymaster Book	0 19 912361 6	Disk (Équipe Informatique 2) See catalogue	

OXFORD
UNIVERSITY PRESS

tel. 01536 741068   fax 01536 454519

ISBN 0-19-912355-1

9 780199 123551

www.OxfordSecondary.co.uk